Delicii spaniole 2023

Rețete autentice pentru a explora aromele și ațipa papilele gustative

Maria Garcia

REZUMAT

ARDEI CIOCOLATA PERE 25
    INGREDIENTE 25
    PRELUCRARE 25
    RUNDĂ 25

TREI PRACTIC DE CIOCOLATĂ CU PRĂSTURI 26
    INGREDIENTE 26
    PRELUCRARE 26
    RUNDĂ 27

MERINGA ELVETIA 28
    INGREDIENTE 28
    PRELUCRARE 28
    RUNDĂ 28

CREPE CU CREMA DE ALUNE SI BANANE 29
    INGREDIENTE 29
    PRELUCRARE 29
    RUNDĂ 30

TORTA LAMAIE CU BAZĂ DE CIOCOLATA 31
    INGREDIENTE 31
    PRELUCRARE 31
    RUNDĂ 32

TIRAMISU 33
    INGREDIENTE 33
    PRELUCRARE 33
    RUNDĂ 34

INTXAURSALSA (CREMA DE NUCI) 35
    INGREDIENTE 35
    PRELUCRARE 35
    RUNDĂ 35

MERENGUL DE LAPTE 36
    INGREDIENTE 36
    PRELUCRARE 36
    RUNDĂ 36

LIMBA CAT 37
    INGREDIENTE 37
    PRELUCRARE 37
    RUNDĂ 37

BISCUITI PORTOCALE 38
    INGREDIENTE 38
    PRELUCRARE 38
    RUNDĂ 38

MERE PRAJITE CU PORT 39
    INGREDIENTE 39
    PRELUCRARE 39
    RUNDĂ 39

BEZEA GĂTITĂ 40
    INGREDIENTE 40
    PRELUCRARE 40
    RUNDĂ 40

CREMĂ 41
    INGREDIENTE 41

PRELUCRARE	41
RUNDĂ	41
BOMBONE PANNA COTTA CU MOV	**42**
INGREDIENTE	42
PRELUCRARE	42
RUNDĂ	42
PURSEURI CITRICE	**43**
INGREDIENTE	43
PRELUCRARE	43
RUNDĂ	44
PASTA MANGA	**45**
INGREDIENTE	45
PRELUCRARE	45
RUNDĂ	45
TURT DE IAURT	**46**
INGREDIENTE	46
PRELUCRARE	46
RUNDĂ	46
COMPOT DE BANANE CU ROZMARIN	**47**
INGREDIENTE	47
PRELUCRARE	47
RUNDĂ	47
CREMA BRULEE	**48**
INGREDIENTE	48
PRELUCRARE	48
RUNDĂ	48

BRĂȚE ȚIGANICE UMPLITE CU CREMĂ 49
    INGREDIENTE 49
    PRELUCRARE 49
    RUNDĂ 49

FLAN DE OUĂ 50
    INGREDIENTE 50
    PRELUCRARE 50
    RUNDĂ 50

JELEE DE CAVA DE CAPSUNI 51
    INGREDIENTE 51
    PRELUCRARE 51
    RUNDĂ 51

gogoși 52
    INGREDIENTE 52
    PRELUCRARE 52
    RUNDĂ 52

COCA SFANTULUI IOAN 53
    INGREDIENTE 53
    PRELUCRARE 53

SOS BOLOGNA 54
    INGREDIENTE 54
    PRELUCRARE 54
    RUNDĂ 55

bulion alb (pui sau vitel) 56
    INGREDIENTE 56
    PRELUCRARE 56

RUNDĂ	56
ROSII	**58**
INGREDIENTE	58
PRELUCRARE	58
RUNDĂ	58
SOS ROBERTO	**59**
INGREDIENTE	59
PRELUCRARE	59
RUNDĂ	59
SOS ROZ	**60**
INGREDIENTE	60
PRELUCRARE	60
RUNDĂ	60
SAC DE PESTE	**61**
INGREDIENTE	61
PRELUCRARE	61
RUNDĂ	61
SOS GERMAN	**62**
INGREDIENTE	62
PRELUCRARE	62
RUNDĂ	62
SOS BRAVE	**63**
INGREDIENTE	63
PRELUCRARE	63
RUNDĂ	64
BUILLON NEGRU (PUI SAU VITA)	**65**

  INGREDIENTE 65

  PRELUCRARE 65

  RUNDĂ 66

PICON MOJO 67

  INGREDIENTE 67

  PRELUCRARE 67

  RUNDĂ 67

SOS PESTO 68

  INGREDIENTE 68

  PRELUCRARE 68

  RUNDĂ 68

SOS DULCE-ACRUR 69

  INGREDIENTE 69

  PRELUCRARE 69

  RUNDĂ 69

MOJITOS VERZI 70

  INGREDIENTE 70

  PRELUCRARE 70

  RUNDĂ 70

SOS BESAMMELLA 71

  INGREDIENTE 71

  PRELUCRARE 71

  RUNDĂ 71

VÂNĂTOR DE SOS 72

  INGREDIENTE 72

  PRELUCRARE 72

RUNDĂ 72
SOS AIOLI 73
    INGREDIENTE 73
    PRELUCRARE 73
    RUNDĂ 73
SOS AMERICAN 74
    INGREDIENTE 74
    PRELUCRARE 74
    RUNDĂ 75
SOS DE RĂSĂRIT DE SOARE 76
    INGREDIENTE 76
    PRELUCRARE 76
    RUNDĂ 76
SOS PENTRU GRĂTAR 77
    INGREDIENTE 77
    PRELUCRARE 77
    RUNDĂ 78
SOS BERNEZ 79
    INGREDIENTE 79
    PRELUCRARE 79
    RUNDĂ 79
SOS CARBONARA 80
    INGREDIENTE 80
    PRELUCRARE 80
    RUNDĂ 80
SOS CHARCUTERA 81

    INGREDIENTE 81

    PRELUCRARE 81

    RUNDĂ 81

SOS CUMBERLAND 82

    INGREDIENTE 82

    PRELUCRARE 82

    RUNDĂ 83

SOS DE CURRY 84

    INGREDIENTE 84

    PRELUCRARE 84

    RUNDĂ 85

SOS DE USTUROI 86

    INGREDIENTE 86

    PRELUCRARE 86

    RUNDĂ 86

SIMPUL SOS 87

    INGREDIENTE 87

    PRELUCRARE 87

    RUNDĂ 87

SOS DE CIDR 88

    INGREDIENTE 88

    PRELUCRARE 88

    RUNDĂ 88

SOS DE ROSII 89

    INGREDIENTE 89

    PRELUCRARE 89

RUNDĂ	90
SOS DE VIN PEDRO XIMENEZ	**91**
INGREDIENTE	91
PRELUCRARE	91
RUNDĂ	91
SOS DE CREMA	**92**
INGREDIENTE	92
PRELUCRARE	92
RUNDĂ	92
MAIONEZĂ MAIONEZĂ	**93**
INGREDIENTE	93
PRELUCRARE	93
RUNDĂ	93
SOS DE IAURT ȘI MARAR	**94**
INGREDIENTE	94
PRELUCRARE	94
RUNDĂ	94
SOS DIAVOLUL	**95**
INGREDIENTE	95
PRELUCRARE	95
RUNDĂ	95
SOS SPANIOL	**96**
INGREDIENTE	96
PRELUCRARE	96
RUNDĂ	96
SOS OLANDA	**97**

- INGREDIENTE 97
- PRELUCRARE.. 97
- RUNDĂ... 97
- SOS ITALIAN 98
  - INGREDIENTE 98
  - PRELUCRARE.. 98
  - RUNDĂ... 99
- SOS MOUSELINE 100
  - INGREDIENTE 100
  - PRELUCRARE.. 100
  - RUNDĂ... 100
- SOS REMOULADE 101
  - INGREDIENTE 101
  - PRELUCRARE.. 101
  - RUNDĂ... 101
- SOS BIZCAINA 102
  - INGREDIENTE 102
  - PRELUCRARE.. 102
  - RUNDĂ... 102
- SOS ROSU 103
  - INGREDIENTE 103
  - PRELUCRARE.. 103
  - RUNDĂ... 103
- SOS DE MINANE 104
  - INGREDIENTE 104
  - PRELUCRARE.. 104

RUNDĂ	104
SOS ROMASCO	105
INGREDIENTE	105
PRELUCRARE	105
RUNDĂ	106
SOUBISE SOS	107
INGREDIENTE	107
PRELUCRARE	107
RUNDĂ	107
SOS TARTAR	108
INGREDIENTE	108
PRELUCRARE	108
RUNDĂ	108
SOS CARAMEL	109
INGREDIENTE	109
PRELUCRARE	109
RUNDĂ	109
POTAGE	110
INGREDIENTE	110
PRELUCRARE	110
RUNDĂ	110
SOS DE CATIFEA	111
INGREDIENTE	111
PRELUCRARE	111
RUNDĂ	111
SOS SOS	112

INGREDIENTE 112

PRELUCRARE 112

RUNDĂ 112

FRUCTE ROSII IN VIN DULCE CU MENTA 113

INGREDIENTE 113

PRELUCRARE 113

RUNDĂ 113

RUNDĂ 114

BETIUSE DE PUI CU WHISKEY 115

INGREDIENTE 115

PRELUCRARE 115

RUNDĂ 115

FRIPTURĂ DE RAȚĂ 116

INGREDIENTE 116

PRELUCRARE 116

RUNDĂ 117

PIEPT DE PUI VILLAROY 118

INGREDIENTE 118

PRELUCRARE 118

RUNDĂ 119

PIEPT DE PUI CU SOS DE LAMAIE MUSTAR 120

INGREDIENTE 120

PRELUCRARE 120

RUNDĂ 121

PINTADA PRĂJITĂ CU PRUNE ȘI ciuperci 122

INGREDIENTE 122

PRELUCRARE 122

RUNDĂ 123

PIJET DE PUI VILLAROY UMPLUT CU PIQUILOS CARAMELIZAT CU OTIT DE MODENA 124

INGREDIENTE 124

PRELUCRARE 124

RUNDĂ 125

PIEPT DE PUI UMPLUT CU Pancetta, ciuperci si branza 126

INGREDIENTE 126

PRELUCRARE 126

RUNDĂ 127

PUI LA VIN DULCE CU PRUNE 128

INGREDIENTE 128

PRELUCRARE 128

RUNDĂ 129

PIEPT DE PUI PORTOCALA CU CAJU 130

INGREDIENTE 130

PRELUCRARE 130

RUNDĂ 130

Părînichea marinată 131

INGREDIENTE 131

PRELUCRARE 131

RUNDĂ 131

VÂNĂTOR DE GĂINI 132

INGREDIENTE 132

PRELUCRARE 132

RUNDĂ	133
ARIPI DE PUI IN STIL COCA COLA	**134**
INGREDIENTE	134
PRELUCRARE	134
RUNDĂ	134
PUI CU USTUROI	**135**
INGREDIENTE	135
PRELUCRARE	135
RUNDĂ	136
CHILINDRON DE PUI	**137**
INGREDIENTE	137
PRELUCRARE	137
RUNDĂ	138
MARINAT CU PREPELITĂ SI FRUCTE ROSII	**139**
INGREDIENTE	139
PRELUCRARE	139
RUNDĂ	140
PUI CU LAMAIE	**141**
INGREDIENTE	141
PRELUCRARE	141
RUNDĂ	142
PUI SAN JACOBO CU ȘUNCĂ SERRANO, PRĂJIT CASAR ȘI RUCĂ	**143**
INGREDIENTE	143
PRELUCRARE	143
RUNDĂ	143

CURRY DE PUI LA COP 144
    INGREDIENTE 144
    PRELUCRARE 144
    RUNDĂ 144

PUI LA VIN ROSU 145
    INGREDIENTE 145
    PRELUCRARE 145
    RUNDĂ 146

BERE NEGRA PUI PĂRIT 147
    INGREDIENTE 147
    PRELUCRARE 147
    RUNDĂ 148

Părîniche de ciocolată 149
    INGREDIENTE 149
    PRELUCRARE 149
    RUNDĂ 150

Sfert de călcâi prăjit CU SOS DE FRUCTE ROSII 151
    INGREDIENTE 151
    PRELUCRARE 151
    RUNDĂ 152

PUI FRĂJIT CU SOS DE PIERSICI 153
    INGREDIENTE 153
    PRELUCRARE 153
    RUNDĂ 154

FILE DE PUI UMPLUT CU SPANAC SI MOZZARELLA 155
    INGREDIENTE 155

> PRELUCRARE...155
>
> RUNDĂ..155

PUI FRÂPT CU CAVA...156

> INGREDIENTE 156
>
> PRELUCRARE...156
>
> RUNDĂ..156

FARGARI DE GUI CU SOS DE ARAIDE 157

> INGREDIENTE 157
>
> PRELUCRARE...157
>
> RUNDĂ..158

PUI PEPITORIA 159

> INGREDIENTE 159
>
> PRELUCRARE...159
>
> RUNDĂ..160

PUI CU PORTOCALE 161

> INGREDIENTE 161
>
> PRELUCRARE...161
>
> RUNDĂ..162

TOCANĂ DE PUI CU PORCINI 163

> INGREDIENTE 163
>
> PRELUCRARE...163
>
> RUNDĂ..164

PUI SOAT CU NUCĂ ŞI SOIA 165

> INGREDIENTE 165
>
> PRELUCRARE...165
>
> RUNDĂ..166

PUI CU CIOCOLATA CU MIGDALE PRAJITA 167
    INGREDIENTE 167
    PRELUCRARE 167
    RUNDĂ 168
FĂGARI DE MIEL CU VINIGRETĂ DE BOTEI ȘI MUȘTAR 169
    INGREDIENTE 169
    PRELUCRARE 169
    RUNDĂ 170
PIJTUL DE VIDEL UMPLUT CU PORT 171
    INGREDIENTE 171
    PRELUCRARE 171
    RUNDĂ 172
Chiftelute MADRILEÑA 173
    INGREDIENTE 173
    PRELUCRARE 174
    RUNDĂ 174
OBAJI DE VIDEL CU CIOCOLATA 175
    INGREDIENTE 175
    PRELUCRARE 175
    RUNDĂ 176
TORTA DE PORC DE PAT CONFIT CU SOS DE VIN DULCE 177
    INGREDIENTE 177
    PRELUCRARE 177
    RUNDĂ 178
IEPURE MARCAT 179
    INGREDIENTE 179

 PRELUCRARE..179

 RUNDĂ...180

CHITELUTE PEPITORIA ÎN SOS DE ALUNE................................. 181

 INGREDIENTE 181

 PRELUCRARE..182

 RUNDĂ...182

COTUTE DE VIDEL CU BERE NEGRA...183

 INGREDIENTE 183

 PRELUCRARE..183

 RUNDĂ...184

TRIPURI MADRLETIENE..185

 INGREDIENTE 185

 PRELUCRARE..185

 RUNDĂ...186

MUCHĂ DE PORC FRĂJĂ CU MERE ȘI MENTĂ 187

 INGREDIENTE 187

 PRELUCRARE..187

 RUNDĂ...188

Chiftelute DE PUI CU SOS DE ZMEURE...189

 INGREDIENTE 189

 PRELUCRARE..190

 RUNDĂ...190

TOCANĂ DE MIEL..191

 INGREDIENTE 191

 PRELUCRARE... 191

 RUNDĂ...192

zibetă de iepure 193
    INGREDIENTE 193
    PRELUCRARE.. 193
    RUNDĂ... 194

IEPURE CU PIPERRADA 195
    INGREDIENTE 195
    PRELUCRARE.. 195
    RUNDĂ... 195

Chiftelute de pui umplute cu branza, cu sos de curry 196
    INGREDIENTE 196
    PRELUCRARE.. 197
    RUNDĂ... 197

PERNE CU VIN ROSU... 198
    INGREDIENTE 198
    PRELUCRARE.. 198
    RUNDĂ... 199

COCHIFRITO NAVARRA 200
    INGREDIENTE 200
    PRELUCRARE.. 200
    RUNDĂ... 200

TOCANĂ DE VITA CU SOS DE ARAIDE 201
    INGREDIENTE 201
    PRELUCRARE.. 201
    RUNDĂ... 202

PORC ARS 203
    INGREDIENTE 203

PRELUCRARE	203
RUNDĂ	203
VARZA PRĂJITĂ	**204**
INGREDIENTE	204
PRELUCRARE	204
RUNDĂ	204
IEPURE VÂNĂTOR	**205**
INGREDIENTE	205
PRELUCRARE	205
RUNDĂ	206
CÂNTAR MADRILEÑA	**207**
INGREDIENTE	207
PRELUCRARE	207
RUNDĂ	207
SOS DE IEPURI DE CIUCPERCI	**208**
INGREDIENTE	208
PRELUCRARE	208
RUNDĂ	209
COSTEȚE DE PORC IBERIAN ÎN VIN ALB ȘI MIERE	**210**
INGREDIENTE	210
PRELUCRARE	210
RUNDĂ	211

ARDEI CIOCOLATA PERE

INGREDIENTE

150 g de ciocolată

85 g zahăr

½ litru de lapte

4 pere

1 baton de scortisoara

10 boabe de piper

PRELUCRARE

Curățați perele fără a îndeparta tulpina. Gatiti-le in lapte cu zahar, baton de scortisoara si boabe de piper timp de 20 de minute.

Se elimină perele, se filtrează laptele și se adaugă ciocolata. Reduceți, amestecând constant, până se îngroașă. Serviți perele cu sosul de ciocolată.

RUNDĂ

După ce perele sunt fierte, deschideți-le pe lungime, îndepărtați miezul și ornat cu mascarpone și zahăr. Închideți și sezonați. Încântător.

TREI PRACTIC DE CIOCOLATĂ CU PRĂSTURI

INGREDIENTE

150 g de ciocolată albă

150 g ciocolată neagră

150 g ciocolată cu lapte

450 ml de smântână

450 ml lapte

4 linguri de unt

1 pachet de biscuiti Maria

3 pungi de caș

PRELUCRARE

Se sfărâmă biscuiții și se topește untul. Amestecați biscuiții cu untul și faceți baza prăjiturii într-o formă detașabilă. Se lasa sa se odihneasca la congelator 20 min.

Între timp, încălziți 150 g de lapte, 150 g de smântână și 150 g de una dintre ciocolate într-un bol. Imediat ce începe să fiarbă, diluați 1 plic de caș într-un pahar cu puțin lapte și adăugați la amestecul din recipient. Scoateți imediat ce se gătește din nou.

Pune prima ciocolata pe aluatul de biscuiti si lasa la congelator 20 min.

Faceți același lucru cu o altă ciocolată și puneți-o pe primul strat. Si repeta operatiunea cu a treia ciocolata. Se lasa sa se odihneasca la congelator sau la frigider pana este gata de servire.

RUNDĂ

Se pot folosi și alte ciocolate, precum menta sau portocala.

MERINGA ELVETIA

INGREDIENTE

250 g zahăr

4 albusuri

Putina sare

Câteva picături de suc de lămâie

PRELUCRARE

Albusurile se bat spuma cu batoanele pana au o consistenta ferma. Adăugați sucul de lămâie, un praf de sare și zahărul, puțin câte puțin și fără a înceta să bată.

Când ați terminat de adăugat zahărul, bateți încă 3 minute.

RUNDĂ

Cand albusurile batute spuma sunt tari, vorbim de point de pointe sau point de neige.

CREPE CU CREMA DE ALUNE SI BANANE

INGREDIENTE

100 g de făină

25 g de unt

25 g zahăr

1 ½ dl lapte

8 linguri de crema de alune

2 linguri de rom

1 lingura de zahar pudra

2 banane

1 ou

½ plic de drojdie

PRELUCRARE

Bateți oul, drojdia, romul, făina, zahărul și laptele împreună. Se lasa sa se odihneasca la frigider 30 de minute.

Se încălzește untul la foc mic într-o tigaie antiaderentă și se întinde un strat subțire de aluat pe toată suprafața. Întoarceți până se rumenește ușor.

Curățați și feliați bananele. Întindeți 2 linguri de cremă de alune și ½ banană pe fiecare clătită. Se inchide in forma de batista si se presara cu zahar pudra.

RUNDĂ

Clătitele pot fi făcute în avans. Cand sunt consumate, doar le incalzim intr-o tigaie cu putin unt pe ambele parti.

TORTA LAMAIE CU BAZĂ DE CIOCOLATA

INGREDIENTE

400 ml lapte

300 g de zahăr

250 g de făină

125 g de unt

50 g cacao

50 g amidon de porumb

5 gălbenușuri

suc de 2 lămâi

PRELUCRARE

Se amestecă făina, untul, 100 g zahăr și cacao pentru a obține un amestec nisipos. Apoi adăugați apă până obțineți un aluat care nu se lipește de mâini. Se tapeteaza o forma, se toarna aceasta crema si se coace la 170°C timp de 20 de minute.

Alternativ, încălziți laptele. Intre timp, bate galbenusurile si restul de zahar pana devin usor albite. Se adauga apoi amidonul de porumb si se amesteca cu laptele. Se încălzește fără a opri amestecarea până se îngroașă. Adăugați sucul de lămâie și continuați să amestecați.

Se asambleaza prajitura umplund fundul cu crema. Se lasa la frigider 3 ore inainte de servire.

RUNDĂ

Adauga cateva frunze de menta in crema de lamaie pentru a da prajiturii o nota perfecta de prospetime.

TIRAMISU

INGREDIENTE

500 g de mascarpone

120 g zahăr

1 pachet de biscuiti biscuiti

6 ouă

Amaretto (sau rom prăjit)

1 pahar inalt cu ibric de cafea (indulcit dupa gust)

pudră de cacao

sare

PRELUCRARE

Separam albusurile si galbenusurile. Se bat galbenusurile si se adauga jumatate din zahar si mascarpone. Bateți cu mișcări învăluitoare și lăsați deoparte. Albusurile se bat spuma cu un praf de sare. Cand sunt aproape batute se adauga cealalta jumatate de zahar si se termina de batut. Se amestecă gălbenușurile și albușurile cu moliciune și mișcări învăluitoare.

Înmuiați biscuiții în cafea și lichior pe ambele părți (fără a-i lăsa să se ude prea mult) și puneți-i pe fundul unui recipient.

Întindeți pe biscuiți un strat de cremă de ouă și brânză. Udați din nou biscuiții soletilla și asamblați-i pe aluat. Terminați cu pasta de brânză și stropiți cu pudră de cacao.

RUNDĂ

Mănâncă noaptea sau mai bine la două zile după preparare.

INTXAURSALSA (CREMA DE NUCI)

INGREDIENTE

125 g de nuci decojite

100 g zahăr

1 litru de lapte

1 baton mic de scortisoara

PRELUCRARE

Se fierbe laptele cu scortisoara si se adauga zaharul si nucile tocate.

Gatiti la foc mic timp de 2 ore si lasati sa se raceasca inainte de servire.

RUNDĂ

Ar trebui să aibă o consistenţă asemănătoare cu budinca de orez.

MERENGUL DE LAPTE

INGREDIENTE

175 g zahăr

1 litru de lapte

Coaja de 1 lămâie

1 baton de scortisoara

3 sau 4 albusuri

Praf de scorțișoară

PRELUCRARE

Se incinge laptele cu batonul de scortisoara si coaja de lamaie la foc mic pana incepe sa fiarba. Adăugați imediat zahărul și gătiți încă 5 minute. Se da deoparte si se lasa sa se raceasca la frigider.

Cand s-a rece batem spuma albusurile pana se taie si adaugam laptele cu miscari invaluitoare. Se serveste cu scortisoara macinata.

RUNDĂ

Pentru o granita imbatabilă, puneți-o deoparte la congelator și răzuiți-o în fiecare oră cu o furculiță până se îngheață complet.

LIMBA CAT

INGREDIENTE

350 g de făină vrac

250 g de unguent unt

250 g zahăr pudră

5 albusuri

1 ou

Aroma de vanilie

sare

PRELUCRARE

Intr-un castron punem untul, zaharul pudra, un praf de sare si putina esenta de vanilie. Se bate bine si se adauga oul. Bateți în continuare și adăugați albușurile unul câte unul în timp ce bateți în continuare. Adăugați făina dintr-o dată fără să amestecați prea mult.

Rezervați crema într-o duză cu vârf neted și faceți fâșii de aproximativ 10 cm. Loviți farfuria de masă, astfel încât aluatul să se întindă și fierbeți la 200°C până când marginile se rumenesc bine.

RUNDĂ

Adăugați 1 lingură de pudră de nucă de cocos în aluat pentru a face diferite limbi de pisică.

BISCUITI PORTOCALE

INGREDIENTE

220 g de făină

200 g de zahăr

4 ouă

1 portocală mică

1 pe drojdie

Praf de scorțișoară

220 g ulei de floarea soarelui

PRELUCRARE

Se amestecă ouăle cu zahărul, scorțișoara și coaja și sucul de portocale.

Adăugați uleiul și amestecați. Adăugați făina cernută și praful de copt. Lăsați acest amestec să se odihnească timp de 15 minute și turnați-l în forme pentru cupcake.

Preîncălziți cuptorul la 200°C și coaceți timp de 15 minute până când se fierbe.

RUNDĂ

Puteți adăuga chipsuri de ciocolată în aluat.

MERE PRAJITE CU PORT

INGREDIENTE

80 g unt (în 4 bucăți)

8 linguri de porto

4 linguri de zahar

4 mere pipin

PRELUCRARE

Curata merele de coaja. Se umple cu zahar si se pune deasupra unt.

Gatiti 30 de minute la 175°C. După acest timp, stropiți fiecare măr cu 2 linguri de porto și gătiți încă 15 minute.

RUNDĂ

Se servesc fierbinti cu o lingura de inghetata de vanilie si se stropesc cu sucul pe care l-au eliberat.

BEZEA GĂTITĂ

INGREDIENTE

400 g zahăr granulat

100 g zahăr pudră

¼ litru de albușuri

picături de suc de lămâie

PRELUCRARE

Albusurile se bat spuma la bain-marie cu zeama de lamaie si zaharul pana se omogenizeaza bine. Se ia de pe foc si se mixeaza in continuare (pe masura ce temperatura scade, bezea se va ingrosa).

Adăugați zahărul pudră și continuați să bateți până când bezeaua este complet rece.

RUNDĂ

Poate fi folosit pentru a acoperi prajituri si pentru a face decoratiuni. Nu depășiți 60 ºC pentru ca albușul să nu se înghețe.

CREMĂ

INGREDIENTE

170 g zahăr

1 litru de lapte

1 lingura de amidon de porumb

8 gălbenușuri de ou

Coaja de 1 lămâie

Scorțișoară

PRELUCRARE

Se fierbe laptele cu coaja de lamaie si jumatate din zahar. Acoperim imediat ce da in clocot si lasam sa se odihneasca de pe foc.

Pe margine, se bat gălbenușurile cu zahărul rămas și amidonul de porumb într-un castron. Se adauga un sfert din laptele fiert si se amesteca in continuare.

Adăugați amestecul de gălbenușuri la restul laptelui și gătiți, amestecând continuu.

La primul clocot se bate cu telul timp de 15 secunde. Luați de pe foc și continuați să amestecați încă 30 de secunde. Se filtrează și se lasă să se răcească. Stropiți cu scorțișoară.

RUNDĂ

Pentru a face cremă aromată, ciocolată, fursecuri zdrobite, cafea, nucă de cocos mărunțită etc., pur și simplu amestecați aroma dorită de pe foc și cât timp este fierbinte.

BOMBONE PANNA COTTA CU MOV

INGREDIENTE

150 g) zahăr

100 g bomboane mov

½ litru de smântână

½ litru de lapte

9 foi de gelatină

PRELUCRARE

Umidificați foile de gelatină cu apă rece.

Se incinge smantana, laptele, zaharul si caramelele intr-o cratita pana se topesc.

Odată oprit de pe foc, adăugați gelatina și amestecați până se dizolvă complet.

Se toarna in forme si se da la frigider pentru cel putin 5 ore.

RUNDĂ

Puteți varia această rețetă încorporând bomboane de cafea, caramel etc.

PURSEURI CITRICE

INGREDIENTE

220 g de unt moale

170 g de făină

55 g zahăr pudră

35 g amidon de porumb

5 g coaja de portocala

5 g coaja de lamaie

2 linguri de suc de portocale

1 lingura de suc de lamaie

1 albus de ou

Aroma de vanilie

PRELUCRARE

Amesteca foarte incet untul, albusul, sucul de portocale, sucul de lamaie, coaja de citrice si un praf de esenta de vanilie. Se amestecă și se adaugă făina cernută și amidonul de porumb.

Puneți aluatul într-o duză cu duză inelară și desenați cercuri de 7 cm pe hârtie de copt. Se coace 15 minute la 175°C.

Stropiți biscuiții cu zahăr pudră.

RUNDĂ

Adăugați cuișoarele măcinate și ghimbirul în aluat. Rezultatul este excelent.

PASTA MANGA

INGREDIENTE

550 g de făină vrac

400 g de unt moale

200 g zahăr pudră

125 g lapte

2 oua

Aroma de vanilie

sare

PRELUCRARE

Se amestecă făina, zahărul, un praf de sare și altul de esență de vanilie. Adăugați pe rând ouăle nu prea reci. Se uda in laptele putin caldut si se adauga faina cernuta.

Puneți aluatul într-o duză cu duză inelară și turnați puțin pe hârtie de copt. Se coace la 180°C timp de 10 minute.

RUNDĂ

Puteți adăuga câteva migdale granulate la exterior, le puteți scufunda în ciocolată sau puteți lipi cireșe pe ele.

TURT DE IAURT

INGREDIENTE

375 g de făină

250 g iaurt simplu

250 g zahăr

1 plic praf de copt

5 ouă

1 portocală mică

1 lămâie

125 g ulei de floarea soarelui

PRELUCRARE

Bateți ouăle și zahărul cu un mixer timp de 5 minute. Se amestecă cu iaurt, ulei, coajă de citrice și suc.

Cerneți făina și praful de copt și adăugați-le la iaurturi.

Se unge si se faina o forma. Se toarnă aluatul și se coace la 165 ºC timp de aproximativ 35 de minute.

RUNDĂ

Folosiți iaurturi aromate pentru a face diferite fursecuri.

COMPOT DE BANANE CU ROZMARIN

INGREDIENTE

30 g de unt

1 crenguță de rozmarin

2 banane

PRELUCRARE

Curățați și feliați bananele.

Puneți-le într-o cratiță, acoperiți și gătiți la foc foarte mic cu untul și rozmarinul până când banana seamănă cu un compot.

RUNDĂ

Acest compot merge bine atât cu cotlete de porc, cât și cu pandișpan de ciocolată. Puteți adăuga 1 lingură de zahăr în timp ce gătiți pentru a fi mai dulce.

CREMA BRULEE

INGREDIENTE

100 g zahăr brun

100 g zahăr alb

400 cl de smântână

300 cl de lapte

6 gălbenușuri de ou

1 pastaie de vanilie

PRELUCRARE

Deschideți pastaia de vanilie și extrageți semințele.

Intr-un bol se bate laptele cu zaharul alb, galbenusurile, smantana si pastaile de vanilie. Umpleți forme individuale cu acest amestec.

Preîncălziți cuptorul la 100°C și gătiți la bain-marie timp de 90 de minute. Odată rece, se presară cu zahăr brun și se arde cu o torță (sau se preîncălzește cuptorul la maxim în modul grătar și se fierbe până când zaharul se arde ușor).

RUNDĂ

Adăugați 1 lingură de cacao instant în smântână sau în lapte pentru o cremă de cacao delicioasă.

BRĂȚE ȚIGANICE UMPLITE CU CREMĂ

INGREDIENTE

250 g de ciocolată

125 g zahăr

½ litru de smântână

Biscuit Soletilla (vezi secțiunea Deserturi)

PRELUCRARE

Faceți un pandișpan cu soletilla. Se umple cu frisca si se ruleaza pe sine.

Intr-o craticioara se aduce zaharul la fiert cu 125 g apa. Adaugam ciocolata, lasam sa se topeasca 3 minute fara a opri amestecul si acoperim rulada cu ea. Se lasa sa se odihneasca inainte de servire.

RUNDĂ

Pentru a te bucura de un desert și mai complet și mai delicios, adaugă bucăți mici de fructe în crema în sirop.

FLAN DE OUĂ

INGREDIENTE

200 g de zahăr

1 litru de lapte

8 oua

PRELUCRARE

Faceți un caramel cu zahărul la foc mic și fără a amesteca. Când capătă o culoare prăjită, se ia de pe foc. Distribuiți în flanuri individuale sau în orice matriță.

Bateți laptele și ouăle, evitând formarea spumei. Daca apare inainte de a-l pune in forme, indepartati-l complet.

Se toarnă peste caramel și se fierbe la bain-marie la 165°C aproximativ 45 de minute sau până când un ac iese curat.

RUNDĂ

Aceeași rețetă este folosită pentru a face o budincă delicioasă. Doar adăugați în amestec cornurile, brioșele, biscuiții... din ziua precedentă.

JELEE DE CAVA DE CAPSUNI

INGREDIENTE

500 g de zahăr

150 g de căpșuni

1 sticla de vin spumant

½ plic de foi de gelatină

PRELUCRARE

Se încălzește cava și zahărul într-o cratiță. Scoatem gelatina hidratata anterior in apa rece de pe foc.

Se servesc in pahare Martini cu capsunile si se lasa la frigider pana se fixeaza.

RUNDĂ

Se poate face si cu orice vin dulce si cu fructe rosii.

gogoși

INGREDIENTE

150 g de făină

30 g de unt

250 ml lapte

4 ouă

1 lămâie

PRELUCRARE

Aduceți laptele și untul la fiert, împreună cu coaja de lămâie. Cand da in clocot, scoatem pielea si adaugam faina deodata. Opriți focul și amestecați timp de 30 de secunde.

Se pune din nou pe foc și se mai amestecă încă un minut până când aluatul se lipește de părțile laterale ale recipientului.

Se toarnă aluatul într-un castron și se adaugă ouăle pe rând (nu se mai adaugă pe următorul până când precedentul este bine amestecat în aluat).

Folosind o pungă de patiserie sau 2 linguri, rumeniți gogoșile în porții mici

RUNDĂ

Se poate umple cu smântână, smântână, ciocolată etc.

COCA SFANTULUI IOAN

INGREDIENTE

350 g de făină

100 g de unt

40 g de nuci de pin

250 ml lapte

1 plic praf de copt

Zest de 1 lămâie

3 oua

zahăr

sare

PRELUCRARE

Cerneți făina și praful de copt. Se amestecă și se face un vulcan. Puneti in centru coaja, 110 g zahar, untul, laptele, ouale si un praf de sare. Frământați bine până când aluatul nu se lipește de mâini.

Se întinde cu o rolă până când obțineți o formă dreptunghiulară subțire. Asezati-le pe o tava tapetata cu hartie de copt si lasati sa se infuzeze timp de 30 de minute.

Ungeți cola cu ou, presărați nuci de pin și 1 lingură zahăr. Se coace la 200 ºC circa 25 de minute.

SOS BOLOGNA

INGREDIENTE

600 g roșii mărunțite

500 g de carne tocată

1 pahar de vin roșu

3 morcovi

2 batoane de telina (optional)

2 catei de usturoi

1 ceapă

Origan

zahăr

Ulei de masline

Sare si piper

PRELUCRARE

Tăiați mărunt ceapa, usturoiul, tulpinile de țelină și morcovii. Se rumenesc si cand legumele sunt fragede adaugam carnea.

Se condimenteaza si se toarna peste vin cand culoarea roz a carnii dispare. Lasam sa reduca 3 minute la foc mare.

Adăugați roșia zdrobită și gătiți la foc mic timp de 1 oră. La sfarsit, adauga sare si zahar si adauga oregano dupa gust.

RUNDĂ

Bolognese este întotdeauna asociat cu pastele, dar cu orez pilaf este foarte bun.

bulion alb (pui sau vitel)

INGREDIENTE

1 kg carne de vita sau oase de pui

1 dl vin alb

1 tulpină de țelină

1 crenguță de cimbru

2 cuișoare

1 frunză de dafin

1 praz curat

1 morcov curat

½ ceapă

15 boabe de piper negru

PRELUCRARE

Pune toate ingredientele într-o oală. Acoperiți cu apă și gătiți la foc mediu. Cand incepe sa fiarba se scurge. Gatiti timp de 4 ore.

Se filtrează și se transferă într-un alt recipient. Rezervați rapid la frigider.

RUNDĂ

Nu sare înainte de utilizare, deoarece este mai probabil să se strice. Se foloseste ca baza de stoc pentru prepararea de sosuri, supe, preparate din orez, tocanite etc.

ROSII

INGREDIENTE

1 kg de roșii

120 g ceapă

2 catei de usturoi

1 crenguță de rozmarin

1 crenguță de cimbru

zahăr

1 dl ulei de măsline

sare

PRELUCRARE

Tăiați ceapa și usturoiul în bucăți mici. Rumeniți ușor timp de 10 minute într-o cratiță.

Tăiați roșiile cherry și adăugați-le în tigaia cu ierburile aromate. Gatiti pana rosiile isi pierd toata apa.

Se sare și se potrivește zahărul dacă este necesar.

RUNDĂ

Se poate prepara in avans si se pastreaza la frigider intr-un recipient ermetic.

SOS ROBERTO

INGREDIENTE

200 g ceapa primavara

100 g de unt

½ litru de bulion de carne

¼ litru de vin alb

1 lingura de faina

1 lingura de mustar

Sare si piper

PRELUCRARE

Prăjiți ceapa tocată în unt. Adăugați făina și gătiți ușor timp de 5 minute.

Se ridica focul, se adauga vinul si se reduce la jumatate, amestecand continuu.

Adăugați bulionul și gătiți încă 5 minute. Odată oprit de pe foc, adăugați muștarul și asezonați cu sare și piper.

RUNDĂ

Ideal pentru a insoti carnea de porc.

SOS ROZ

INGREDIENTE

250 g sos de maioneza (vezi sectiunea Cioroane si sosuri)

2 linguri de ketchup

2 linguri de coniac

½ suc de portocale

Tabasco

Sare si piper

PRELUCRARE

Amestecați maioneza, ketchup-ul, țuica, sucul, un praf de tabasco, sare și piper. Bateți bine până obțineți un sos omogen.

RUNDĂ

Pentru a face sosul mai omogen, adăugați ½ lingură de muștar și 2 linguri de smântână lichidă.

SAC DE PESTE

INGREDIENTE

500 g de oase sau capete de pește alb

1 dl vin alb

1 crenguță de pătrunjel

1 praz

½ ceapă mică

5 boabe de piper

PRELUCRARE

Puneti toate ingredientele intr-o cratita si acoperiti cu 1 litru de apa rece. Se fierbe la foc mediu timp de 20 de minute fără a înceta să facă spumă.

Se filtrează, se schimbă recipientul și se păstrează rapid la frigider.

RUNDĂ

Nu sare înainte de utilizare, deoarece este mai probabil să se strice. Este baza de sosuri, preparate din orez, supe etc.

SOS GERMAN

INGREDIENTE

35 g de unt

35 g de făină

2 galbenusuri de ou

½ litru bulion (peste, carne, pasare, etc.)

sare

PRELUCRARE

Rumeniți făina în unt la foc mic timp de 5 minute. Adăugați bulionul dintr-o dată și gătiți la foc mediu încă 15 minute, amestecând continuu. Asezonați cu sare.

Se ia de pe foc si, fara a inceta sa bata, se adauga galbenusurile.

RUNDĂ

Nu încălziți prea mult pentru a nu face gălbenușurile să se coaguleze.

SOS BRAVE

INGREDIENTE

750 g roșii cherry prăjite

1 pahar mic de vin alb

3 linguri de otet

10 migdale crude

10 ardei

5 felii de pâine

3 catei de usturoi

1 ceapă

zahăr

Ulei de masline

sare

PRELUCRARE

Rumeniți întregul usturoi într-o tigaie. Scoateți și rezervați. Rumeniți migdalele în același ulei. Scoateți și rezervați. Se prăjește pâinea în aceeași tigaie. Scoateți și rezervați.

Prăjiți ceapa tăiată fâșii julienne cu ardeii în același ulei. Cand este fiert se uda cu otetul si paharul de vin. Lasam sa reduca 3 minute la foc mare.

Adăugați roșia, usturoiul, migdalele și pâinea. Gatiti 5 minute, amestecati si, daca este necesar, adaugati sare si zahar.

RUNDĂ

Poate fi congelat în tăvi individuale pentru cuburi de gheață și folosit doar atunci când este necesar.

BUILLON NEGRU (PUI SAU VITA)

INGREDIENTE

5 kg carne de vita sau oase de pui

500 g de roșii

250 g morcovi

250 g de praz

125 g ceapă

½ litru de vin roșu

5 litri de apă rece

1 crenguță de evlavios

3 foi de dafin

2 crengute de cimbru

2 crengute de rozmarin

15 boabe de piper

PRELUCRARE

Gătiți oasele la 185°C până se prăjesc ușor. Adăugați legumele curățate și tăiate în bucăți medii în aceeași tigaie. Rumeniți legumele.

Puneți oasele și legumele într-o oală mare. Adăugați vinul și ierburile, apoi adăugați apa. Gatiti 6 ore la foc mic, degresand din cand in cand. Se filtrează și se lasă să se răcească.

RUNDĂ

Ea sta la baza multor sosuri, tocanite, risotto, supe etc. Odată ce bulionul este rece, grăsimea rămâne solidificată deasupra. Acest lucru îl face mai ușor de îndepărtat.

PICON MOJO

INGREDIENTE

8 linguri de otet

2 lingurițe de semințe de chimen

2 lingurite de boia dulce

2 capete de usturoi

3 ardei cayenne

30 de linguri de ulei

sare grunjoasă

PRELUCRARE

Toarnă toate ingredientele solide, cu excepția boia de ardei, într-un mojar într-o pastă.

Adăugați boia de ardei și continuați piureul. Se adauga treptat lichidele pana se obtine un sos omogen si emulsionat.

RUNDĂ

Ideal pentru a însoți celebrii cartofi încrețiți și, de asemenea, pentru peștele la grătar.

SOS PESTO

INGREDIENTE

100 g de nuci de pin

100 g parmezan

1 legătură de busuioc proaspăt

1 catel de usturoi

ulei de măsline dulce

PRELUCRARE

Bateți toate ingredientele fără a le lăsa foarte omogene pentru a observa crocantitatea nucilor de pin.

RUNDĂ

Puteti inlocui nucile de pin cu nuci si busuiocul cu rucola proaspata. Inițial, este realizat în mortar.

SOS DULCE-ACRUR

INGREDIENTE

100 g zahăr

100 ml de oțet

50 ml sos de soia

Zest de 1 lămâie

Zeste de 1 portocală

PRELUCRARE

Gatiti zaharul, otetul, sosul de soia si coaja de citrice timp de 10 minute. Se lasa la racit inainte de utilizare.

RUNDĂ

Este acompaniamentul perfect pentru chifle de primăvară.

MOJITOS VERZI

INGREDIENTE

8 linguri de otet

2 lingurițe de semințe de chimen

4 bile de ardei verde

2 capete de usturoi

1 legatura de patrunjel sau coriandru

30 de linguri de ulei

sare grunjoasă

PRELUCRARE

Se amestecă toate solidele până se formează o pastă.

Se adauga treptat lichidele pana se obtine un sos omogen si emulsionat.

RUNDĂ

Se poate pastra fara probleme acoperita in folie de plastic, la frigider pentru cateva zile.

SOS BESAMMELLA

INGREDIENTE

85 g de unt

85 g de făină

1 litru de lapte

Nucșoară

Sare si piper

PRELUCRARE

Topiți untul într-o cratiță, adăugați făina și gătiți la foc mic timp de 10 minute, amestecând continuu.

Adăugați laptele dintr-o dată și gătiți încă 20 de minute. Continuați să amestecați. Se condimentează cu sare, piper și nucșoară.

RUNDĂ

Pentru a evita formarea cocoloașei, gătiți făina cu untul la foc mic și continuați să bateți până când amestecul devine aproape lichid.

VÂNĂTOR DE SOS

INGREDIENTE

200 g de ciuperci

200 g sos de rosii

125 g de unt

½ litru de bulion de carne

¼ litru de vin alb

1 lingura de faina

1 ceapa primavara

Sare si piper

PRELUCRARE

Prăjiți arpagicul tocat mărunt în unt la foc mediu timp de 5 minute.

Se adauga ciupercile curatate si taiate in patru si se ridica focul. Gatiti inca 5 minute pana se termina apa. Adaugati faina si gatiti inca 5 minute, amestecand continuu.

Se uda cu vinul si se lasa sa se evapore. Adăugați sosul de roșii și supa de vită. Gatiti inca 5 minute.

RUNDĂ

Se pastreaza la frigider si se intind peste ea o pelicula usoara de unt pentru a nu forma crusta la suprafata.

SOS AIOLI

INGREDIENTE

6 catei de usturoi

Otetul

½ litru de ulei de măsline ușor

sare

PRELUCRARE

Zdrobiți usturoiul cu sarea într-un mojar până obțineți o pastă.

Adaugati treptat uleiul, amestecand continuu cu pistilul pana obtineti un sos gros. Adăugați un strop de oțet în sos.

RUNDĂ

Dacă adăugați 1 gălbenuș de ou când zdrobiți usturoiul, este mai ușor să pregătiți sosul.

SOS AMERICAN

INGREDIENTE

150 g de creveți

250 g de creveți și carcase și capete de creveți

250 g roșii coapte

250 g ceapă

100 g de unt

50 g morcovi

50 g de praz

½ litru de bulion de peste

1 dl vin alb

½ dl de coniac

1 lingura de faina

1 lingurita rasa de boia iute

1 crenguță de cimbru

sare

PRELUCRARE

Fierbeți legumele, cu excepția roșiilor, tăiate în bucăți mici în unt. Prăjiți apoi boia și făina.

Se călesc crabii și capetele restului de crustacee și se flambează cu coniac. Rezervați cozile de crab și măcinați carcasele cu bulionul. Se strecoară de 2 sau 3 ori până nu mai rămâne coajă.

Adăugați bulionul, vinul, roșiile tăiate în sferturi și cimbru în legume. Se fierbe 40 de minute, se pasează și se adaugă sare.

RUNDĂ

Sos perfect pentru ardei umpluți, moc sau plăcintă cu pește.

SOS DE RĂSĂRIT DE SOARE

INGREDIENTE

45 g de unt

½ l de sos catifelat (vezi secțiunea Cioroane și sosuri)

3 linguri de sos de rosii

PRELUCRARE

Fierbeți sosul catifelat, adăugați lingurile de roșii și bateți cu telul.

Se ia de pe foc, se adauga untul si se amesteca pana se omogenizeaza bine.

RUNDĂ

Utilizați acest sos pentru a însoți ouăle de diavol.

SOS PENTRU GRĂTAR

INGREDIENTE

1 cutie de cocaina

1 cană de sos de roșii

1 cană de ketchup

½ cană oțet

1 lingurita de oregano

1 lingurita de cimbru

1 lingurita de chimen

1 catel de usturoi

1 ardei cayenne zdrobit

½ ceapă

Ulei de masline

Sare si piper

PRELUCRARE

Tăiați ceapa și usturoiul în bucăți mici și prăjiți-le în puțin ulei. Când sunt fragezi, adăugați roșia, ketchup-ul și oțetul.

Gatiti 3 minute. Adăugați ardeiul cayenne și condimentele. Se amestecă, se toarnă Coca-Cola și se fierbe până când rămâne o consistență groasă.

RUNDĂ

Acesta este un sos perfect pentru aripioare de pui. Poate fi congelat în tăvi individuale pentru cuburi de gheață și folosit doar atunci când este necesar.

SOS BERNEZ

INGREDIENTE

250 g de unt clarificat

1 dl otet de tarhon

1 dl vin alb

3 galbenusuri de ou

1 şalotă (sau ½ ceapă mică)

Tarhon

Sare si piper

PRELUCRARE

Se încălzeşte eşapa tocată într-o cratiță cu oțetul şi vinul. Reduceți la aproximativ 1 lingură.

Bateți gălbenuşurile sărate într-o baie de apă. Adăugați vinul şi reducerea cu oțet plus 2 linguri de apă rece până se dublează.

Adăugați treptat untul topit la gălbenuşuri, continuând să bateți. Se adauga putin tarhon tocat si se tine la bain-marie la maxim 50°C.

RUNDĂ

Este important să păstrați acest sos într-un boiler la foc mic pentru a nu se îngheța.

SOS CARBONARA

INGREDIENTE

200 g de bacon

200 g de smântâna

150 g parmezan

1 ceapă medie

3 galbenusuri de ou

Sare si piper

PRELUCRARE

Prăjiți ceapa tăiată cubulețe. Cand s-a rumenit se adauga baconul taiat fasii si se lasa pe foc pana se rumeneste.

Se toarnă apoi smântâna, sare și piper și se fierbe timp de 20 de minute.

Odată scăpat de pe foc, adăugați brânza rasă, gălbenușurile de ou și amestecați.

RUNDĂ

Daca ti-au ramas pentru alta ocazie, odata incalzit, o faci la foc mic si nu prea mult timp pentru ca oul sa nu se inghete.

SOS CHARCUTERA

INGREDIENTE

200 g ceapa primavara

100 g murături

100 g de unt

½ litru de bulion de carne

125 cl vin alb

125 cl de oțet

1 lingura de mustar

1 lingura de faina

Sare si piper

PRELUCRARE

Se caleste ceapa tocata in unt. Adăugați făina și gătiți ușor timp de 5 minute.

Ridicați focul și turnați vinul și oțetul și reduceți la jumătate, amestecând continuu.

Adăugați bulionul, murăturile tăiate fâșii julienne și gătiți încă 5 minute. Se ia de pe foc si se adauga mustarul. Sezon.

RUNDĂ

Acest sos este ideal pentru carnea grasă.

SOS CUMBERLAND

INGREDIENTE

150 g dulceata de coacaze

½ dl de porto

1 cană bulion de carne închisă la culoare (vezi secțiunea Ciouri și sosuri)

1 lingurita pudra de ghimbir

1 lingura de mustar

1 eșalotă

½ coaja de portocala

½ coaja de lamaie

½ suc de portocale

suc de ½ lămâie

Sare si piper

PRELUCRARE

Iulienează cojile de portocală și lămâie. Se fierbe in apa rece si se fierbe 10 s. Repetați operația de două ori. Scurgeți și răciți.

Se toacă mărunt eșapa și se fierbe timp de 1 minut, amestecând constant cu dulceața de coacăze, portocul, bulionul, coaja și zeama de citrice, muștarul, ghimbirul, sare și piper. Lasa sa se raceasca.

RUNDĂ

Este un condiment perfect pentru a însoți preparatele cu pate sau vânat.

SOS DE CURRY

INGREDIENTE

200 g ceapă

2 linguri de faina

2 linguri de curry

3 catei de usturoi

2 roșii mari

1 crenguță de cimbru

1 frunză de dafin

1 sticla de lapte de cocos

1 măr

1 banană

Ulei de masline

sare

PRELUCRARE

Prăjiți ceapa și usturoiul tocate în ulei. Adăugați curry și gătiți timp de 3 minute. Adaugati faina si gatiti inca 5 minute, amestecand continuu.

Adăugați roșiile tăiate în sferturi, ierburile și laptele de cocos. Gatiti 30 de minute la foc mic. Adăugați mărul și banana decojite și tăiate cubulețe și gătiți încă 5 minute. Se macină, se filtrează și se rectifica sarea.

RUNDĂ

Pentru a face acest sos mai puțin caloric, reduceți laptele de cocos la jumătate și înlocuiți-l cu supă de pui.

SOS DE USTUROI

INGREDIENTE

250 ml de smântână

10 catei de usturoi

Sare si piper

PRELUCRARE

Se caleste usturoiul de 3 ori in apa rece. Se aduce la fierbere, se scurge si se aduce apa rece la fiert. Repetați această operațiune de 3 ori.

După ce s-au albit, gătiți-le timp de 25 de minute în același timp cu crema. La final, asezonați cu sare și piper.

RUNDĂ

Nu toate cremele sunt la fel. Dacă este prea groasă, adăugați puțină smântână și gătiți încă 5 minute. Daca, in schimb, este foarte lichid, gatiti mai mult. Este perfect pentru pește.

SIMPUL SOS

INGREDIENTE

200 g mure

25 g zahăr

250 ml de sos spaniol (vezi secțiunea Cioroane și sosuri)

100 ml vin dulce

2 linguri de otet

1 lingura de unt

Sare si piper

PRELUCRARE

Se face un caramel cu zaharul la foc mic. Adăugați oțetul, vinul, murele și gătiți timp de 15 minute.

Se toarnă sosul spaniol. Se condimenteaza cu sare si piper, se amesteca, se filtreaza si se aduce la fiert cu untul.

RUNDĂ

Este un condiment perfect pentru vânat.

SOS DE CIDR

INGREDIENTE

250 ml de smântână

1 sticla de cidru

1 dovlecel

1 morcov

1 praz

sare

PRELUCRARE

Tăiați legumele în bețișoare și rumeniți-le timp de 3 minute la foc iute. Se toarnă cidrul și se lasă să se reducă 5 minute.

Adăugați smântâna, sare și gătiți încă 15 minute.

RUNDĂ

Se va potrivi perfect cu o bucată de dorada la grătar sau cu o felie de somon.

SOS DE ROSII

INGREDIENTE

1 ½ kg de roșii coapte

250 g ceapă

1 pahar de vin alb

1 os de șuncă

2 catei de usturoi

1 morcov mare

Cimbru proaspăt

rozmarin proaspăt

zahăr (opțional)

sare

PRELUCRARE

Tăiați ceapa, usturoiul și morcovul în fâșii julienne și rumeniți la foc mediu. Cand legumele sunt fragede se adauga osul si se deglaza cu vinul. Porniți căldura.

Adăugați roșiile tăiate în sferturi și ierburile. Coaceți 30 de minute.

Scoateți osul și ierburile. Zdrobiți, scurgeți și ajustați sarea și zahărul dacă este necesar.

RUNDĂ

Congelați în tăvi individuale pentru cuburi de gheață pentru a avea întotdeauna la îndemână sos de roșii delicios de casă.

SOS DE VIN PEDRO XIMENEZ

INGREDIENTE

35 g de unt

250 ml de sos spaniol (vezi secțiunea Cioroane și sosuri)

75 ml de vin Pedro Ximenez

Sare si piper

PRELUCRARE

Încinge vinul timp de 5 minute la foc mediu. Adăugați sosul spaniol și gătiți încă 5 minute.

Pentru a se îngroșa și a da strălucire, stingeți focul și adăugați untul rece tăiat cubulețe. Sezon.

RUNDĂ

Se poate face cu orice vin dulce, precum porto.

SOS DE CREMA

INGREDIENTE

½ l de bechamel (vezi capitolul Buloane și sosuri)

200 cl de smântână

suc de ½ lămâie

PRELUCRARE

Se fierbe bechamelul si se adauga smantana. Gatiti pana se obtin aproximativ 400 cl de sos.

Odată oprit de pe foc, adăugați sucul de lămâie.

RUNDĂ

Ideal pentru gratinare, pentru condimentarea peștelui și a ouălor umplute.

MAIONEZĂ MAIONEZĂ

INGREDIENTE

2 oua

suc de ½ lămâie

½ litru de ulei de măsline ușor

Sare si piper

PRELUCRARE

Puneți ouăle și sucul de lămâie într-un pahar de mixare.

Bateți cu mixerul 5, adăugând treptat uleiul fără a opri bătutul. Asezonați cu sare și piper.

RUNDĂ

Ca sa nu se taie in timpul zdrobirii adaugam 1 lingura de apa fierbinte in paharul blenderului cu restul ingredientelor.

SOS DE IAURT ȘI MARAR

INGREDIENTE

20 g ceapă

75 ml sos de maioneza (vezi sectiunea bulion si sosuri)

1 lingura de miere

2 iaurturi

Mărar

sare

PRELUCRARE

Amestecă toate ingredientele, cu excepția mărarului, până obții un sos omogen.

Tăiați mărunt mararul și adăugați-l în sos. Scoateți și rectificați sarea.

RUNDĂ

Este perfect pentru a însoți cartofii fripți sau carnea de miel.

SOS DIAVOLUL

INGREDIENTE

100 g de unt

½ litru de bulion de carne

3 dl vin alb

1 ceapa primavara

2 ardei

sare

PRELUCRARE

Tăiați ceapa în bucăți mici și lăsați-o să se usuce la temperatură ridicată. Adăugați ardeiul iute, deglasați cu vinul și reduceți-l la jumătate din volum.

Se toarnă bulionul, se fierbe încă 5 minute și se condimentează cu sare și condimente.

Adăugați untul foarte rece de pe foc și amestecați cu un tel până când amestecul devine gros și strălucitor.

RUNDĂ

Acest sos poate fi făcut și cu vin dulce. Rezultatul este rafinat.

SOS SPANIOL

INGREDIENTE

30 g de unt

30 g de făină

1 litru de supa de vita (redus)

Sare si piper

PRELUCRARE

Prăjiți făina în unt până capătă un ton ușor prăjit.

Se toarnă bulionul clocotit, amestecând continuu. Gatiti 5 minute si asezonati cu sare si piper.

RUNDĂ

Acest sos stă la baza multor preparate. Acesta este ceea ce se numește sosul de bază în gătit.

SOS OLANDA

INGREDIENTE

250 g de unt

3 galbenusuri de ou

¼ de suc de lamaie

Sare si piper

PRELUCRARE

Pentru a topi untul.

Batem galbenusurile la bain-marie cu putina sare, piper si zeama de lamaie plus 2 linguri de apa rece pana isi dubleaza volumul.

Adăugați treptat untul topit la gălbenușuri, continuând să bateți. Păstrați baia de apă la o temperatură maximă de 50°C.

RUNDĂ

Acest sos este spectaculos pentru a însoți cartofii copți cu somon afumat deasupra.

SOS ITALIAN

INGREDIENTE

125 g sos de rosii

100 g de ciuperci

50 g şuncă York

50 g ceapa primavara

45 g de unt

125 ml de sos spaniol (vezi secțiunea Cioroane și sosuri)

90 ml vin alb

1 crenguță de cimbru

1 crenguță de rozmarin

Sare si piper

PRELUCRARE

Ceapa se toaca marunt si se caleste in unt. Cand sunt fragezi, se ridica focul si se adauga ciupercile curatate si curatate. Adăugați cubulețe de șuncă fiartă.

Adăugați vinul și ierburile și lăsați să se reducă complet.

Adăugați sosul spaniol și sosul de roșii. Gatiti 10 minute si asezonati cu sare si piper.

RUNDĂ

Perfect pentru paste și ouă fierte.

SOS MOUSELINE

INGREDIENTE

250 g de unt

85 ml frisca

3 galbenusuri de ou

¼ de suc de lamaie

Sare si piper

PRELUCRARE

Pentru a topi untul.

Batem galbenusurile la bain-marie cu putina sare, piper si zeama de lamaie. Se adauga 2 linguri de apa rece pana isi dubleaza volumul. Adăugați treptat untul în gălbenușuri, continuând să bateți.

Chiar înainte de servire, bate frișca și adaugă-o la amestecul anterior cu mișcări moi și învăluitoare.

RUNDĂ

Păstrați baia de apă la o temperatură maximă de 50°C. Este perfect pentru gratinate de somon, brici, sparanghel etc.

SOS REMOULADE

INGREDIENTE

250 g sos de maioneza (vezi sectiunea Cioroane si sosuri)

50 g murături

50 g de capere

10 g hamsii

1 lingurita patrunjel proaspat tocat

PRELUCRARE

Se macină ansoa într-un mojar până sunt zdrobite. Tăiați caperele și murăturile în bucăți foarte mici. Adăugați restul ingredientelor și amestecați.

RUNDĂ

Ideal pentru niște ouă de diavol.

SOS BIZCAINA

INGREDIENTE

500 g ceapă

400 g roșii proaspete

25 g pâine

3 catei de usturoi

4 ardei chorizo sau ñora

zahăr (opțional)

Ulei de masline

sare

PRELUCRARE

Înmuiați ñoras pentru a îndepărta carnea.

Tăiați ceapa și usturoiul în fâșii julienne și rumeniți-le la foc mediu într-o tigaie acoperită timp de 25 de minute.

Adaugati painea si rosiile cherry taiate cubulete si continuati sa gatiti inca 10 minute. Adăugați carne de ñoras și gătiți încă 10 minute.

Zdrobiți și ajustați sarea și zahărul dacă este necesar.

RUNDĂ

Deși este neobișnuit, este un sos grozav de făcut cu spaghete.

SOS ROSU

INGREDIENTE

2 catei de usturoi

1 roșie mare

1 ceapa mica

½ ardei rosu mic

½ ardei verde mic

2 plicuri de cerneală de calmar

vin alb

Ulei de masline

sare

PRELUCRARE

Tăiați legumele în bucăți mici și lăsați-le să se usuce ușor timp de 30 de minute.

Adăugați roșia rasă și gătiți la foc mediu-mare până își pierde apa. Dați focul și adăugați buzunarele de cerneală și puțin vin. Să o reducem la jumătate.

Se amestecă, se filtrează și se adaugă sare.

RUNDĂ

Dacă după măcinare se mai adaugă puțină cerneală, sosul va fi mai strălucitor.

SOS DE MINANE

INGREDIENTE

75 g parmezan

75 g de unt

75 g de făină

1 litru de lapte

2 galbenusuri de ou

Nucşoară

Sare si piper

PRELUCRARE

Topiți untul într-o tigaie. Adaugati faina si gatiti la foc mic timp de 10 minute, amestecand continuu.

Se toarnă laptele dintr-o dată și se fierbe încă 20 de minute, amestecând continuu.

Adăugați gălbenușurile și brânza de pe foc și continuați să amestecați. Se condimentează cu sare, piper și nucșoară.

RUNDĂ

Este un sos gratinat perfect. Se poate folosi orice tip de brânză.

SOS ROMASCO

INGREDIENTE

100 g de oțet

80 g migdale prăjite

½ lingurita boia dulce

2 sau 3 roșii coapte

2 ardei

1 felie mică de pâine prăjită

1 cap de usturoi

1 ardei iute

250 g ulei de măsline extravirgin

sare

PRELUCRARE

Hidratează ñoras în apă caldă timp de 30 de minute. Scoateți-i pulpa și păstrați-o deoparte.

Preîncălziți cuptorul la 200°C și prăjiți roșiile și usturoiul (roșiile durează aproximativ 15 până la 20 de minute, iar usturoiul puțin mai puțin).

Odată făcute la grătar, curățați coaja și sâmburele roșiilor și îndepărtați usturoiul unul câte unul. Se pun intr-un pahar de mixare cu migdalele, painea prajita, carnea de ñora, uleiul si otetul. Bate bine.

Se adauga apoi boia dulce si un praf de ardei rosu. Se bat din nou si se condimenteaza cu sare.

RUNDĂ

Nu macinati prea mult sosul.

SOUBISE SOS

INGREDIENTE

100 g de unt

85 g de făină

1 litru de lapte

1 ceapă

Nucşoară

Sare si piper

PRELUCRARE

Topiți untul într-o cratiță și gătiți încet ceapa tăiată fâșii timp de 25 de minute. Adaugati faina si gatiti inca 10 minute, amestecand continuu.

Se toarnă laptele dintr-o dată și se mai fierbe încă 20 de minute la foc mic, amestecând continuu. Se condimentează cu sare, piper și nucșoară.

RUNDĂ

Se poate servi ca atare sau piure. Este perfect pentru cannelloni.

SOS TARTAR

INGREDIENTE

250 g sos de maioneza (vezi sectiunea Cioroane si sosuri)

20 g ceapa primavara

1 lingura de capere

1 lingura de patrunjel proaspat

1 lingura de mustar

1 castravete murat

1 ou fiert

sare

PRELUCRARE

Se toacă mărunt arpagicul, caperele, pătrunjelul, cornișul și oul fiert.

Se amestecă totul și se adaugă maioneza și muștarul. Pune un praf de sare.

RUNDĂ

Se potrivește perfect cu peștele și mezelurile.

SOS CARAMEL

INGREDIENTE

150 g) zahăr

70 g de unt

300 ml de smântână

PRELUCRARE

Faceți un caramel cu untul și zahărul, fără a amesteca niciodată.

Cand caramelul este fiert, se ia de pe foc si se adauga smantana. Gatiti 2 minute la foc mare.

RUNDĂ

Caramelul poate fi aromat adaugand 1 crenguta de rozmarin.

POTAGE

INGREDIENTE

250 g morcovi

250 g de praz

250 g de roșii

150 g ceapă

150 g de nap

100 g de țelină

sare

PRELUCRARE

Spălați bine legumele și tăiați-le în bucăți obișnuite. Se pune intr-o cratita si se acopera cu apa rece.

Gatiti la foc mic timp de 2 ore. Se filtrează și se adaugă sare.

RUNDĂ

Legumele folosite pot fi folosite pentru a face o crema buna. Gătiți întotdeauna fără capac, pentru ca atunci când apa se evaporă, aromele să se concentreze mai bine.

SOS DE CATIFEA

INGREDIENTE

35 g de unt

35 g de făină

½ litru bulion (peste, carne, pasare, etc.)

sare

PRELUCRARE

Rumeniți ușor făina în unt timp de 5 minute.

Adăugați bulionul dintr-o dată și gătiți la foc mediu, amestecând continuu. Pune un praf de sare.

RUNDĂ

Servește drept bază pentru multe alte sosuri.

SOS SOS

INGREDIENTE

4 linguri de otet

1 ceapa mica

1 roșie mare

½ ardei roșu

½ ardei verde

12 linguri de ulei de măsline

sare

PRELUCRARE

Tăiați roșia, ardeii și ceapa în bucăți foarte mici.

Amesteca totul si adauga ulei, otet si sare.

RUNDĂ

Ideal pentru scoici in sos sau cartofi cu ton.

FRUCTE ROSII IN VIN DULCE CU MENTA

INGREDIENTE

550 g fructe roșii

50 g zahăr

2 dl vin dulce

5 frunze de mentă

PRELUCRARE

Gatiti fructele rosii, zaharul, vinul dulce si frunzele de menta intr-o cratita timp de 20 de minute.

Se lasa in acelasi recipient pana se raceste si se serveste in boluri individuale.

RUNDĂ

Zdrobiți și serviți cu înghețată și câțiva biscuiți de ciocolată.

RUNDĂ

Mai bine să-l mănânci rece. Pune deasupra câteva bucăți de fructe confiate înainte de a găti. Rezultatul este fantastic.

BETIUSE DE PUI CU WHISKEY

INGREDIENTE

12 pulpe de pui

200 ml de smântână

150 ml whisky

100 ml supa de pui

3 galbenusuri de ou

1 ceapa primavara

Făină obișnuită

Ulei de masline

Sare si piper

PRELUCRARE

Se condimentează, se făinează și se rumenesc pulpele de pui. Scoateți și rezervați.

Prăjiți ceapa tocată mărunt în același ulei timp de 5 minute. Se adaugă whisky-ul și se flambează (capacul trebuie să fie închis). Se toarnă smântâna și bulionul. Adăugați puiul înapoi și gătiți timp de 20 de minute la foc mic.

De pe foc, adaugam galbenusurile si amestecam usor pentru ca sosul sa se ingroase putin. Asezonați cu sare și piper dacă este necesar.

RUNDĂ

Whisky-ul poate fi înlocuit cu băutura alcoolică care ne place cel mai mult.

FRIPTURĂ DE RAȚĂ

INGREDIENTE

1 rata curata

1 litru de bulion de pui

4 dl sos de soia

3 linguri de miere

2 catei de usturoi

1 ceapa mica

1 cayenne

ghimbir proaspăt

Ulei de masline

Sare si piper

PRELUCRARE

Intr-un castron amestecam bulionul de pui, soia, usturoiul ras, ardeiul cayenne si ceapa tocata marunt, mierea, o bucata de ghimbir ras si piper. Marinați rața în acest amestec timp de 1 oră.

Scoateți din marinată și puneți pe o tavă de copt cu jumătate din lichidul de marinadă. Gatiti la 200°C timp de 10 minute pe fiecare parte. Umeziți în mod constant cu o perie.

Coborâți cuptorul la 180 ºC și gătiți încă 18 minute pe fiecare parte (continuați să vopsiți la fiecare 5 minute cu o pensulă).

Scoateți și lăsați rața deoparte și lăsați sosul să reducă la jumătate într-o cratiță la foc mediu.

RUNDĂ

Gătiți mai întâi pieptul de pui în jos, acest lucru îl va face mai puțin uscat și mai suculent.

PIEPT DE PUI VILLAROY

INGREDIENTE

1 kg piept de pui

2 morcovi

2 tulpini de telina

1 ceapă

1 praz

1 nap

Făină, ou și pesmet (pentru a acoperi)

Pentru bechamel

1 litru de lapte

100 g de unt

100 g de făină

Nucșoară

Sare si piper

PRELUCRARE

Gatiti toate legumele curatate in 2 litri de apa (rece) timp de 45 min.

Intre timp pregatim un sos bechamel rumenind faina in unt la foc mediu-mic timp de 5 minute. Apoi adăugați laptele și amestecați. Se sare si se adauga nucsoara. Gatiti 10 minute la foc mic fara a opri baterea.

Strecurați bulionul și gătiți pieptul de rață (întregi sau file) timp de 15 minute. Scurge-le si lasa-le sa se raceasca. Ungeți bine piepții cu sosul bechamel și puneți deoparte la frigider. Odată rece, se acoperă cu făină, apoi cu oul și la final cu pesmet. Se prăjește în ulei din belșug și se servește fierbinte.

RUNDĂ

Puteți folosi bulionul și piureul de legume pentru a face o cremă delicioasă.

PIEPT DE PUI CU SOS DE LAMAIE MUSTAR

INGREDIENTE

4 piept de pui

250 ml de smântână

3 linguri de coniac

3 linguri de muştar

1 lingura de faina

2 catei de usturoi

1 lămâie

½ ceapă primăvară

Ulei de masline

Sare si piper

PRELUCRARE

Se condimentează şi se rumenesc cu un strop de ulei piepţii tăiaţi în bucăţi obişnuite. Rezervă.

Se rumenesc ceapa si usturoiul tocate marunt in acelasi ulei. Adaugati faina si gatiti 1 minut. Se adaugă coniacul până se evaporă şi se toarnă smântâna, 3 linguri de suc de lămâie şi coaja acestuia, muştarul şi sarea. Gatiti sosul timp de 5 minute.

Adăugaţi puiul înapoi şi gătiţi la foc mic încă 5 minute.

RUNDĂ

Rade mai întâi lămâia înainte de a extrage sucul. Pentru a economisi bani, se poate face și cu pui măcinat în loc de piept.

PINTADA PRĂJITĂ CU PRUNE ȘI ciuperci

INGREDIENTE

1 tablou

250 g de ciuperci

Aduceți 200 ml

¼ litru de supă de pui

15 prune fără sâmburi

1 catel de usturoi

1 lingurita de faina

Ulei de masline

Sare si piper

PRELUCRARE

Se condimentează cu sare și piper și se prăjește bibilica cu prune uscate timp de 40 de minute la 175 ºC. Întoarceți-l la jumătatea gătitului. După trecerea timpului, scoateți și păstrați sucurile.

Rumeniți 2 linguri de ulei și făina într-o cratiță timp de 1 minut. Stropiți cu vin și reduceți la jumătate. Se toarnă peste sosul din friptură și bulionul. Gatiti 5 minute fara a amesteca.

Separat se rumenesc ciupercile cu putin usturoi tocat, se adauga in sos si se dau la fiert. Serviți bibilica cu sosul.

RUNDĂ

Pentru ocazii speciale poti garnisi bibilica cu mar, foie gras, carne tocata, fructe uscate.

 AVES

PIJET DE PUI VILLAROY UMPLUT CU PIQUILOS CARAMELIZAT CU OTIT DE MODENA

INGREDIENTE

4 file de piept de pui

100 g de unt

100 g de făină

1 litru de lapte

1 conserve de ardei piquillo

1 pahar de oțet de Modena

½ pahar de zahăr

Nucșoară

Ou și pesmet (pentru a acoperi)

Ulei de masline

Sare si piper

PRELUCRARE

Se calesc untul si faina timp de 10 minute la foc mic. Apoi turnați laptele și gătiți timp de 20 de minute, amestecând continuu. Se sare si se adauga nucsoara. Lasa sa se raceasca.

Intre timp caramelizam ardeii cu otetul si zaharul pana cand otetul incepe (abia incepe) sa se ingroase.

Asezonați fileurile și umpleți cu piquillo. Inveliti pieptul de rata in folie transparenta de parca ar fi bomboane foarte tari, inchideti si gatiti 15 minute in apa.

Odată fierte, ungeți toate părțile cu sosul bechamel și înmuiați-le în oul bătut și pesmet. Se prăjește în ulei din belșug.

RUNDĂ

Dacă adăugați câteva linguri de curry în timp ce săriți peste făina pentru bechamel, rezultatul este diferit și foarte bogat.

PIEPT DE PUI UMPLUT CU Pancetta, ciuperci si branza

INGREDIENTE

4 file de piept de pui

100 g de ciuperci

4 felii de bacon afumat

2 linguri de muștar

6 linguri de smântână

1 ceapă

1 catel de usturoi

brânză feliată

Ulei de masline

Sare si piper

PRELUCRARE

Se condimentează fileurile de pui. Curățați și tăiați ciupercile în sferturi.

Se rumenesc baconul si se rumenesc ciupercile tocate cu usturoiul la foc iute.

Ornați fileurile cu slănină, brânză și ciuperci și sigilați-le perfect cu o folie transparentă de parcă ar fi deserturi. Gatiti 10 minute in apa clocotita. Scoateți filmul și plasa.

Pe de alta parte, se rumeneste ceapa taiata bucatele mici, se adauga smantana si mustarul, se caleste 2 minute si se amesteca. Sos pe pui

RUNDĂ

Folia alimentara rezista la temperaturi ridicate si nu adauga savoare mancarurilor.

PUI LA VIN DULCE CU PRUNE

INGREDIENTE

1 pui mare

100 g de prune fără sâmburi

½ litru de supă de pui

½ sticla de vin dulce

1 ceapa primavara

2 morcovi

1 catel de usturoi

1 lingura de faina

Ulei de masline

Sare si piper

PRELUCRARE

Se condimenteaza si se rumenesc bucatile de pui intr-o tigaie incinsa cu ulei. Ieși și rezervă.

In acelasi ulei se rumenesc ceapa, usturoiul si morcovii tocati marunt. Cand legumele sunt bine braconate, adaugam faina si mai fierbem inca min.

Udați cu vinul de stafide și măriți focul până scade aproape complet. Se toarnă bulionul și se adaugă din nou puiul și prunele uscate.

Coaceți aproximativ 15 minute sau până când puiul este fraged. Scoateți puiul și amestecați sosul. Se condimentează cu sare.

RUNDĂ

Dacă adăugați puțin unt rece în sosul piure și îl bateți cu telul, acesta se va îngroșa și va străluci mai mult.

PIEPT DE PUI PORTOCALA CU CAJU

INGREDIENTE

4 piept de pui

75 g de caju

2 pahare de suc proaspăt de portocale

4 linguri de miere

2 linguri de Cointreau

Făină obișnuită

Ulei de masline

Sare si piper

PRELUCRARE

Se condimentează și se înfăinează sânii. Rumeniți-le în ulei din abundență, îndepărtați-le și păstrați-le deoparte.

Gatiti sucul de portocale cu Cointreau si miere timp de 5 minute. Adăugați piepții în sos și gătiți la foc mic timp de 8 minute.

Serviți cu salsa și caju deasupra.

RUNDĂ

O altă modalitate de a face un sos de portocale bun este să începeți cu bomboane nu prea închise la culoare, la care se adaugă suc natural de portocale.

Părînichea marinată

INGREDIENTE

4 potârnichi

300 g ceapă

200 g morcovi

2 pahare de vin alb

1 cap de usturoi

1 frunză de dafin

1 pahar de otet

1 pahar de ulei

sare si 10 boabe de piper

PRELUCRARE

Se condimentează și se rumenesc potârnichile la foc mare. Scoateți și rezervați.

In acelasi ulei se rumenesc morcovii si ceapa in fasii julienne. Când legumele sunt fragede, adăugați vinul, oțetul, boabele de piper, sarea, usturoiul și foaia de dafin. Se caleste timp de 10 minute.

Puneți din nou potârnichea și fierbeți la foc mic încă 10 minute.

RUNDĂ

Pentru ca carnea sau peștele marinat să aibă cea mai mare aromă, cel mai bine este să se odihnească cel puțin 24 de ore.

VÂNĂTOR DE GĂINI

INGREDIENTE

1 pui tocat

50 g de ciuperci feliate

½ litru de supă de pui

1 pahar de vin alb

4 roşii rase

2 morcovi

2 catei de usturoi

1 praz

½ ceapă

1 buchet de ierburi (cimbru, rozmarin, dafin etc.)

Ulei de masline

Sare si piper

PRELUCRARE

Se condimenteaza si se rumeneste puiul intr-o oala incinsa cu un strop de ulei. Ieşi şi rezervă.

Rumeniți morcovii tăiați cubulețe, usturoiul, prazul şi ceapa în acelaşi ulei. Apoi adăugați roşia rasă. Se caleste pana rosiile isi pierde apa. Întoarceți puiul.

Separat, rumeniți ciupercile şi adăugați-le şi la tocană. Se deglaseaza cu paharul de vin si se lasa sa se evapore.

Se uda cu bulionul si se adauga ierburile aromate. Gatiti pana cand puiul este fraged. Asezonați cu sare.

RUNDĂ

Acest fel de mâncare se poate face și cu curcan și chiar cu iepure.

ARIPI DE PUI IN STIL COCA COLA

INGREDIENTE

1 kg aripioare de pui

½ litru de cola

4 linguri de zahar brun

2 linguri de sos de soia

1 lingură grămadă de oregano

½ lămâie

Sare si piper

PRELUCRARE

Puneți Coca-Cola, zahărul, soia, oregano și sucul de la ½ lămâie într-o cratiță și gătiți timp de 2 minute.

Tăiați aripioarele în jumătate și asezonați cu sare. Gătiți-le la 160 ºC până capătă puțină culoare. Acum adăugați jumătate din sos și răsturnați aripioarele. Întoarceți-le la fiecare 20 de minute.

Când sosul este aproape redus, adăugați cealaltă jumătate și continuați să gătiți până se îngroașă sosul.

RUNDĂ

Adăugarea unei crengute de vanilie în timp ce preparați sosul îi sporește aroma și îi conferă o notă distinctivă.

PUI CU USTUROI

INGREDIENTE

1 pui tocat

8 catei de usturoi

1 pahar de vin alb

1 lingura de faina

1 cayenne

Otetul

Ulei de masline

Sare si piper

PRELUCRARE

Se condimentează puiul și se rumenește bine. Se da deoparte si se lasa uleiul sa se raceasca.

Taiati cateii de usturoi in cubulete si confitati (caiti in ulei, nu prajiti) usturoiul si cayenne fara a le colora.

Se uda in vin si se reduce pana are o anumita grosime, dar nu va fi uscat.

Se adauga apoi puiul si putin cate o lingurita de faina deasupra. Amestecați (verificați dacă usturoiul se lipește de pui, dacă nu, adăugați puțină făină până se lipește ușor).

Acoperiți și amestecați din când în când. Gatiti 20 de minute la foc mic. Completați cu puțin oțet și gătiți încă un minut.

RUNDĂ

Puiul prajit este o necesitate. Trebuie să fie foarte fierbinte pentru a-l păstra auriu pe dinafară și suculent pe dinăuntru.

CHILINDRON DE PUI

INGREDIENTE

1 pui mic, tocat

350 g sunca serrano tocata

1 conserve de 800 g de roșii decojite

1 ardei rosu mare

1 ardei verde mare

1 ceapă mare

2 catei de usturoi

cimbru

1 pahar de vin alb sau rosu

zahăr

Ulei de masline

Sare si piper

PRELUCRARE

Se condimentează puiul și se rumenește la foc iute. Ieși și rezervă.

In acelasi ulei se rumenesc ardeii, usturoiul si ceapa taiate bucati medii. Când legumele sunt aurii, adăugați șunca și gătiți încă 10 minute.

Pune puiul înapoi și toarnă peste vin. Se reduce la foc mare timp de 5 minute și se adaugă roșia și cimbrul. Reduceți focul și gătiți încă 30 de minute. Ajustați sarea și zahărul.

RUNDĂ

Aceeasi reteta se poate face si cu chiftele. Nu va mai rămâne nimic în farfurie!

MARINAT CU PREPELIȚĂ SI FRUCTE ROSII

INGREDIENTE

4 prepelite

150 g fructe roșii

1 pahar de otet

2 pahare de vin alb

1 morcov

1 praz

1 catel de usturoi

1 frunză de dafin

Făină obișnuită

1 pahar de ulei

Sare și piper boabe

PRELUCRARE

Făină, asezonează și rumenește prepelițele într-o cratiță. Ieși și rezervă.

Prăjiți morcovul și prazul tăiate în bete și usturoiul tocat în același ulei. Cand legumele sunt fragede se adauga uleiul, otetul si vinul.

Adăugați foaia de dafin și piperul. Adăugați sare și gătiți timp de 10 minute cu fructele roșii.

Adăugați prepelița și gătiți încă 10 minute până se înmoaie. Se lasa sa stea, acoperit, pe foc.

RUNDĂ

Aceasta marinada, cu carne de prepelita, este o vinegreta minunata si insoteste o salata buna de inimioare de salata verde.

PUI CU LAMAIE

INGREDIENTE

1 pui

30 g zahăr

25 g de unt

1 litru de bulion de pui

1 dl vin alb

suc de 3 lămâi

1 ceapă

1 praz

Ulei de masline

Sare si piper

PRELUCRARE

Tăiați și asezonați puiul. Se rumenesc la foc mare și se scot.

Curățați ceapa și curățați prazul, tăiați fâșii julienne. Se calesc legumele in acelasi ulei in care a fost facut puiul. Stropiți cu vinul și lăsați-l să se reducă.

Adăugați sucul de lămâie, zahărul și bulionul. Gatiti 5 minute si intoarceti puiul. Gatiti la foc mic inca 30 de minute. Asezonați cu sare și piper.

RUNDĂ

Pentru ca sosul să fie mai subțire și fără bucăți de legume, este mai bine să-l piurezi.

PUI SAN JACOBO CU ȘUNCĂ SERRANO, PRĂJIT CASAR ȘI RUCĂ

INGREDIENTE

8 fileuri subțiri de pui

150 g prajitura Casar

100 g de ruchetă

4 felii de sunca serrano

Făină, ouă și cereale (pentru topping)

Ulei de masline

Sare si piper

PRELUCRARE

Se condimentează fileurile de pui și se întinde cu brânză. Asezati rucola si sunca serrano pe una dintre ele si asezati alta deasupra pentru a o inchide. Faceți același lucru cu restul.

Treceți-le prin făină, ouă bătut și cereale zdrobite. Se prăjește în ulei abundent încins timp de 3 minute.

RUNDĂ

Poate fi acoperit cu floricele zdrobite, kiko și chiar viermi. Rezultatul este foarte amuzant.

CURRY DE PUI LA COP

INGREDIENTE

4 mucuri de pui (per persoana)

1 litru de smântână

1 ceapa primavara sau ceapa

2 linguri de curry

4 iaurt simplu

sare

PRELUCRARE

Tăiați ceapa în bucăți mici și amestecați-o într-un bol cu iaurtul, smântâna și curry. Asezonați cu sare.

Faceți câteva incizii în pui și marinați-l în sosul de iaurt timp de 24 de ore.

Se frige la 180°C timp de 90 de minute, se scoate puiul si se serveste cu sosul batut.

RUNDĂ

Dacă ți-a rămas sos, îl poți folosi pentru a face chifteluțe delicioase.

PUI LA VIN ROSU

INGREDIENTE

1 pui tocat

½ litru de vin roşu

1 crenguţă de rozmarin

1 crenguţă de cimbru

2 catei de usturoi

2 praz

1 ardei rosu

1 morcov

1 ceapă

Supa de pui

Făină obişnuită

Ulei de masline

Sare si piper

PRELUCRARE

Se condimentează şi se rumeneşte puiul într-o tigaie foarte fierbinte. Ieşi şi rezervă.

Tăiaţi legumele în bucăţi mici şi prăjiţi-le în acelaşi ulei în care a fost prăjit puiul.

Se udă în vin, se adaugă ierburile aromate și se fierbe aproximativ 10 minute la foc mare până se îngroașă. Adăugați din nou puiul și turnați bulionul până este acoperit. Coaceți încă 20 de minute sau până când carnea este fragedă.

RUNDĂ

Dacă doriți un sos mai subțire fără bucăți, faceți piure și scurgeți.

BERE NEGRA PUI PĂRIT

INGREDIENTE

4 pulpe de pui

750 ml de bere neagra

1 lingura de chimen

1 crenguță de cimbru

1 crenguță de rozmarin

2 cepe

3 catei de usturoi

1 morcov

Sare si piper

PRELUCRARE

Iulienați ceapa, morcovul și usturoiul. Pune cimbrul si rozmarinul pe fundul unei cratite si aranjezi deasupra ceapa, morcovii si usturoiul; apoi pulpele de pui, cu pielea în jos, asezonate cu un strop de chimen. Se prăjește la 175 ºC timp de aproximativ 45 de minute.

Udați cu berea după 30 de minute, întoarceți fundul cu susul în jos și gătiți încă 45 de minute. Când puiul este prăjit, scoateți-l din tigaie și amestecați sosul.

RUNDĂ

Dacă în centrul fripturii se adaugă 2 mere feliate și piure cu restul de sos, aroma este și mai bună.

Părîniche de ciocolată

INGREDIENTE

4 potârnichi

½ litru de supă de pui

½ pahar de vin roşu

1 crenguţă de rozmarin

1 crenguţă de cimbru

1 ceapa primavara

1 morcov

1 catel de usturoi

1 roşie rasă

Ciocolată

Ulei de masline

Sare si piper

PRELUCRARE

Se condimentează şi se rumenesc potârnichile. Rezervă.

Se rumenesc morcovul, usturoiul si ceapa primavara tocate marunt in acelasi ulei la foc mediu. Daţi focul şi adăugaţi roşia. Gatiti pana pierde apa. Stropiţi cu vinul şi lăsaţi-l să se reducă aproape complet.

Se uda cu bulionul si se adauga ierburile aromate. Se fierbe la foc mic până când potârnichile sunt fragede. Asezonaţi cu sare. Se ia de pe foc si se adauga ciocolata dupa gust. A sterge.

RUNDĂ

Pentru a da o notă picantă preparatului, puteți adăuga un ardei cayenne, iar dacă doriți să fie crocant, adăugați câteva alune prăjite sau migdale.

Sfert de călcâi prăjit CU SOS DE FRUCTE ROSII

INGREDIENTE

4 mucuri de curcan

250 g fructe roșii

½ litru de cava

1 crenguță de cimbru

1 crenguță de rozmarin

3 catei de usturoi

2 praz

1 morcov

Ulei de masline

Sare si piper

PRELUCRARE

Curățați și tăiați prazul, morcovii și usturoiul. Așezați această legumă pe o tavă de copt cu cimbru, rozmarin și fructe roșii.

Puneți deasupra sferturile de curcan, stropite cu un strop de ulei, cu pielea în jos. Se prăjește la 175 °C timp de 1 oră.

Baie cu cava dupa 30 min. Întoarceți carnea și gătiți încă 45 de minute. După trecerea timpului, scoateți din tigaie. Se amestecă, se filtrează și se adaugă sare în sos.

RUNDĂ

Curcanul este gata când pulpa și pulpa se despart ușor.

PUI FRĂJIT CU SOS DE PIERSICI

INGREDIENTE

4 pulpe de pui

½ litru de vin alb

1 crenguță de cimbru

1 crenguță de rozmarin

3 catei de usturoi

2 piersici

2 cepe

1 morcov

Ulei de masline

Sare si piper

PRELUCRARE

Iulienați ceapa, morcovul și usturoiul. Curățați piersicile, tăiați-le în jumătate și îndepărtați oasele.

Pune cimbrul si rozmarinul cu morcovul, ceapa si usturoiul pe fundul unei tavi de copt. Deasupra se pune sfertul de culatta, asezonat cu un strop de ulei, cu pielea in jos, si se coace la 175°C circa 45 de minute.

După 30 de minute, turnați vinul alb peste ele, întoarceți-le și mai fierbeți încă 45 de minute. Când puiul este prăjit, scoateți-l din tigaie și amestecați sosul.

RUNDĂ

La friptură pot fi adăugate mere sau pere. Sosul va fi delicios.

FILE DE PUI UMPLUT CU SPANAC SI MOZZARELLA

INGREDIENTE

8 fileuri subțiri de pui

200 g spanac proaspăt

150 g de mozzarella

8 frunze de busuioc

1 lingurita chimen macinat

Făină, ou și pesmet (pentru a acoperi)

Ulei de masline

Sare si piper

PRELUCRARE

Condimentează sânii pe ambele părți. Se ornează cu spanac, brânză mărunțită și busuioc tocat și se acoperă cu un alt file. Treceți prin făină, oul bătut și un amestec de pesmet și chimen.

Se prajesc cateva minute pe fiecare parte si se indeparteaza excesul de ulei pe hartie absorbanta.

RUNDĂ

Acompaniamentul perfect este un sos bun de rosii. Acest fel de mâncare poate fi făcut din curcan și chiar din muschii proaspete.

PUI FRÂPT CU CAVA

INGREDIENTE

4 pulpe de pui

1 sticla de vin spumant

1 crenguță de cimbru

1 crenguță de rozmarin

3 catei de usturoi

2 cepe

Ulei de masline

Sare si piper

PRELUCRARE

Tăiați ceapa și usturoiul juliană. Aranjați cimbrul și rozmarinul pe fundul unui vas de copt, puneți ceapa, usturoiul și apoi pulpele din spate condimentate, cu pielea în jos. Se prăjește la 175 ºC timp de aproximativ 45 de minute.

Stropiți cu cava după 30 de minute, întoarceți spatele și gătiți încă 45 de minute. Când puiul este prăjit, scoateți-l din tigaie și amestecați sosul.

RUNDĂ

O altă variantă a aceleiași rețete este să o faci cu vin lambrusco sau passito.

FARGARI DE GUI CU SOS DE ARAIDE

INGREDIENTE

600 g piept de pui

150 g de arahide

500 ml supa de pui

200 ml de smântână

3 linguri de sos de soia

3 linguri de miere

1 lingura de curry

1 ardei cayenne tocat fin

1 lingura de suc de lamaie

Ulei de masline

Sare si piper

PRELUCRARE

Se macină foarte bine alunele până devin o pastă. Amesteca-le intr-un bol cu sucul de lime, bulionul, soia, mierea, curry, sare si piper. Tăiați piepții bucăți și marinați-i în acest amestec peste noapte.

Scoateți puiul și puneți-l pe frigărui. Gatiti amestecul anterior cu crema la foc mic timp de 10 minute.

Se rumenesc frigaruile intr-o tigaie la foc mediu si se servesc cu sosul deasupra.

RUNDĂ

Le puteți face cu muc de pui. Dar în loc să le prăjiți într-o tigaie, frigeți-le la cuptor cu sosul deasupra.

PUI PEPITORIA

INGREDIENTE

1½ kg de pui

250 g ceapă

50 g migdale prăjite

25 g pâine prăjită

½ litru de supă de pui

¼ litru de vin bun

2 catei de usturoi

2 foi de dafin

2 oua fierte

1 lingura de faina

14 fire de șofran

150 g ulei de măsline

Sare si piper

PRELUCRARE

Tăiați și asezonați puiul tăiat în bucăți. Rumeniți și rezervați.

Tăiați ceapa și usturoiul în bucăți mici și rumeniți-le în același ulei în care a fost fiert puiul. Adaugati faina si caliti la foc mic timp de 5 minute. Stropiți cu vinul și lăsați-l să se reducă.

Se toarnă bulionul sărat și se fierbe încă 15 minute. Apoi adăugați puiul rezervat cu foile de dafin și gătiți până când puiul este fraged.

Se prajeste sofranul separat si se adauga in mojar cu painea prajita, migdalele si galbenusurile de ou. Se pasează într-o pastă și se adaugă la tocană de pui. Gatiti inca 5 min.

RUNDĂ

Nu există un acompaniament mai bun pentru această rețetă decât un pilaf bun de orez. Se poate prezenta cu albusuri tocate si deasupra putin patrunjel tocat marunt.

PUI CU PORTOCALE

INGREDIENTE

1 pui

25 g de unt

1 litru de bulion de pui

1 dl vin rosé

2 linguri de miere

1 crenguță de cimbru

2 morcovi

2 portocale

2 praz

Ulei de masline

Sare si piper

PRELUCRARE

Se condimentează și se rumenește puiul măcinat la foc mare în ulei de măsline. Scoateți și rezervați.

Curățați și curățați morcovii și prazul și tăiați-le fâșii julienne. Gatiti in acelasi ulei in care s-a rumenit puiul. Stropiți cu vin și fierbeți la foc mare până se îngroașă.

Adăugați sucul de portocale, mierea și bulionul. Gatiti 5 minute si adaugati din nou bucatile de pui. Gatiti la foc mic timp de 30 de minute. Se adauga untul rece si se condimenteaza cu sare si piper.

RUNDĂ

Puteți sări peste o mână bună de nuci și să le adăugați la tocană la sfârșitul gătitului.

TOCANĂ DE PUI CU PORCINI

INGREDIENTE

1 pui

200 g șuncă serrano

200 g ciuperci porcini

50 g de unt

600 ml bulion de pui

1 pahar de vin alb

1 crenguță de cimbru

1 catel de usturoi

1 morcov

1 ceapă

1 rosie

Ulei de masline

Sare si piper

PRELUCRARE

Tăiați, asezonați și rumeniți puiul în unt și un strop de ulei. Scoateți și rezervați.

In aceeasi grasime se rumenesc ceapa, morcovul si usturoiul taiate bucatele mici si sunca taiata cubulete. Ridicați focul și adăugați ciupercile porcini tocate. Gatiti 2 minute, adaugati rosia rasa si gatiti pana isi pierde toata apa.

Adăugați din nou bucățile de pui și turnați peste vin. Reduceți până când sosul este aproape uscat. Se uda cu bulionul si se adauga cimbrul. Se fierbe la foc mic timp de 25 de minute sau până când puiul este fraged. Asezonați cu sare.

RUNDĂ

Folosiți ciuperci de sezon sau deshidratate.

PUI SOAT CU NUCĂ ȘI SOIA

INGREDIENTE

3 piept de pui

70 g de stafide

30 g migdale

30 g de caju

30 g de nuci

30 g de alune

1 pahar de bulion de pui

3 linguri de sos de soia

2 catei de usturoi

1 cayenne

1 lămâie

Ghimbir

Ulei de masline

Sare si piper

PRELUCRARE

Tocați pieptul de rață, adăugați sare și piper și rumeniți-i într-o tigaie la foc iute. Scoateți și rezervați.

In acest ulei se prajesc nucile cu usturoiul ras, o bucata de ghimbir ras, ardeiul cayenne si coaja de lamaie.

Adăugați stafidele, pieptul de pui rezervat și soia. Reduceți 1 minut și turnați peste bulion. Gatiti inca 6 minute la foc mediu si adaugati sare daca este necesar.

RUNDĂ

Cu greu va fi necesar să folosiți sare, deoarece aceasta este furnizată aproape în întregime din boabe de soia.

PUI CU CIOCOLATA CU MIGDALE PRAJITA

INGREDIENTE

1 pui

60 g ciocolată neagră rasă

1 pahar de vin roșu

1 crenguță de cimbru

1 crenguță de rozmarin

1 frunză de dafin

2 morcovi

2 catei de usturoi

1 ceapă

supa de pui (sau apa)

Migdale prajite

ulei de măsline extra virgin

Sare si piper

PRELUCRARE

Tăiați, asezonați și rumeniți puiul într-o oală foarte fierbinte. Scoateți și rezervați.

In acelasi ulei se rumenesc la foc mic ceapa, morcovii si cateii de usturoi taiati bucatele mici.

Adăugați frunza de dafin și crenguțele de cimbru și rozmarin. Adăugați vinul și bulionul și fierbeți la foc mic timp de 40 de minute. Se sare și se scoate puiul.

Puneți sosul prin blender și puneți-l înapoi în cratiță. Adăugați puiul și ciocolata și amestecați până se topește ciocolata. Gatiti inca 5 minute pentru a se amesteca aromele.

RUNDĂ

Deasupra se pune migdalele prăjite. Adăugarea de ardei cayenne sau ardei iute îi conferă un aspect picant.

FĂGARI DE MIEL CU VINIGRETĂ DE BOTEI ȘI MUȘTAR

INGREDIENTE

350 g de miel

2 linguri de otet

1 lingură grămadă de boia de ardei

1 lingură grămadă de muştar

1 lingură nivelă de zahăr

1 coș cu roșii cherry

1 ardei verde

1 ardei rosu

1 ceapa primavara mica

1 ceapă

5 linguri de ulei de măsline

Sare si piper

PRELUCRARE

Curățați și tăiați legumele, mai puțin ceapa primăvară, în pătrate medii. Tăiați mielul în cuburi de aceeași dimensiune. Asamblați frigaruile alternând o bucată de carne și o bucată de legume. Sezon. Rumeniți-le într-o tigaie foarte fierbinte cu un strop de ulei 1 sau 2 minute pe fiecare parte.

Pe margine, amestecați într-un castron muștarul, boia de ardei, zahărul, uleiul, oțetul și ceapa tocată. Se condimentează cu sare și se emulsionează.

Serviți kebaburile proaspăt preparate cu puțin sos de boia.

RUNDĂ

Puteti adauga in vinegreta si 1 lingura de curry si putina coaja de lamaie.

PIJTUL DE VIDEL UMPLUT CU PORT

INGREDIENTE

1 kg de aripioară de vițel (carte de umplut)

350 g carne de porc tocată

1 kg de morcovi

1 kg de ceapă

100 g de nuci de pin

1 conserve mică de ardei piquillo

1 cutie de masline negre

1 pachet de bacon

1 cap de usturoi

2 foi de dafin

Aduce

Suc de carne

Ulei de masline

Sare și piper boabe

PRELUCRARE

Condimentează aripioarele pe ambele părți. Se ornează cu carne de porc, nuci de pin, ardei mărunțiți, măsline tăiate în sferturi și fâșii de slănină. Rulați și puneți o cusătură sau o cravată cu sârmă de căpăstru. Se calesc la foc foarte mare, se scot si se lasa deoparte.

Tăiați morcovii, ceapa și usturoiul în brunoise și rumeniți-le în același ulei în care s-a prăjit vițelul. Înlocuiți aripa. Udați cu puțin vin de porto și supa de carne până se acoperă totul. Adăugați 8 boabe de piper și foi de dafin. Gatiti acoperit la foc mic timp de 40 de minute. Întoarceți la fiecare 10 minute. Când carnea este fragedă, scoateți și amestecați sosul.

RUNDĂ

Porto poate fi înlocuit cu orice alt vin sau șampanie.

Chiftelute MADRILEÑA

INGREDIENTE

1 kg de carne tocată

500 g carne tocată de porc

500 g de roșii coapte

150 g ceapă

100 g de ciuperci

1 litru de bulion de carne (sau apa)

2 dl vin alb

2 linguri de patrunjel proaspat

2 linguri de pesmet

1 lingura de faina

3 catei de usturoi

2 morcovi

1 frunză de dafin

1 ou

zahăr

Ulei de masline

Sare si piper

PRELUCRARE

Amesteca cele doua carni cu patrunjelul tocat, 2 catei de usturoi taiati cubulete, pesmetul, oul, sare si piper. Formați bile și rumeniți-le într-o tigaie. Ieși și rezervă.

In acelasi ulei se caleste ceapa cu usturoiul ramas, se adauga faina si se rumenesc. Adăugați roșiile și gătiți încă 5 minute. Se uda in vin si se mai fierbe inca 10 minute. Adăugați bulionul și continuați să gătiți încă 5 minute. Se macină și se rectifică sarea și zahărul. Se fierb chiftelele in sos timp de 10 minute cu dafinul.

Separat, decojiți, curățați și tăiați morcovii și ciupercile. Prăjiți-le în puțin ulei timp de 2 minute și adăugați-le în tocanita de chiftele.

RUNDĂ

Pentru ca amestecul de chiftele să fie mai gustos, adăugați 150 g de slănină iberică proaspătă tocată. Cel mai bine este să nu apăsați prea tare când faceți bile, astfel încât acestea să fie mai suculente.

OBAJI DE VIDEL CU CIOCOLATA

INGREDIENTE

8 obraji de vițel

½ litru de vin roșu

6 uncii de ciocolată

2 catei de usturoi

2 rosii

2 praz

1 tulpină de țelină

1 morcov

1 ceapă

1 crenguță de rozmarin

1 crenguță de cimbru

Făină obișnuită

Supa de vita (sau apa)

Ulei de masline

Sare si piper

PRELUCRARE

Se condimentează și se rumenesc obrajii într-o oală foarte fierbinte. Ieși și rezervă.

Tăiați legumele în brunoise și căleți-le în aceeași tigaie în care au fost prăjiți obrajii.

Când legumele sunt fragede, adăugați roșiile cherry rase și gătiți până pierd toată apa. Se adauga vinul, ierburile aromatice si se lasa sa se evapore 5 minute. Adăugați obrajii și supa de vită până se acoperă.

Gatiti pana obrajii sunt foarte fragezi, adaugati ciocolata dupa gust, amestecati si asezonati cu sare si piper.

RUNDĂ

Sosul poate fi pasat sau lăsat cu bucățile întregi de legume.

TORTA DE PORC DE PAT CONFIT CU SOS DE VIN DULCE

INGREDIENTE

½ porc de lapte, tocat

1 pahar de vin dulce

2 crengute de rozmarin

2 crengute de cimbru

4 catei de usturoi

1 morcov mic

1 ceapa mica

1 rosie

ulei de măsline dulce

sare grunjoasă

PRELUCRARE

Întindeți porcușorul pe o tavă de copt și sare pe ambele părți. Adăugați usturoiul zdrobit și ierburile. Acoperiți cu ulei și gătiți la 100 ºC timp de 5 ore. Se lasa apoi sa se raceasca si se dezoseaza, indepartand carnea si pielea.

Asezati hartia de copt pe o tava de copt. Împărțiți carnea de porc și așezați pielea deasupra (ar trebui să fie de cel puțin 2 degete). Se pune o altă hârtie de copt și se da la frigider cu o greutate mică deasupra.

Intre timp pregatim un bulion negru. Tăiați oasele și legumele în bucăți medii. Oasele la grătar la 185°C timp de 35 de minute, adăugați legumele pe margini și gătiți încă 25 de minute. Se scoate din cuptor si se uda cu vin. Se pune totul intr-o cratita si se acopera cu apa rece. Gatiti 2 ore la foc foarte mic. Se scurge si se pune din nou pe foc pana se ingroasa putin amestecul. Degresează.

Tăiați tortul în porții și rumeniți-l într-o tigaie fierbinte cu pielea în jos până devine crocant. Gatiti 3 minute la 180°C.

RUNDĂ

Este mai obositor decât dificil, dar rezultatul este spectaculos. Singurul truc pentru a nu strica finalul este să serviți sosul pe o parte a cărnii și nu deasupra.

IEPURE MARCAT

INGREDIENTE

1 iepure tocat

80 g migdale

1 litru de bulion de pui

400 ml de tescovină

200 ml de smântână

1 crenguță de rozmarin

1 crenguță de cimbru

2 cepe

2 catei de usturoi

1 morcov

10 fire de șofran

Sare si piper

PRELUCRARE

Tăiați, asezonați și rumeniți iepurele. Scoateți și rezervați.

Prăjiți morcovul, ceapa și usturoiul tăiate în bucăți mici în același ulei. Se adauga sofranul si migdalele si se fierbe 1 minut.

Dați căldura și faceți o baie în pământ. flambează Adăugați din nou iepurele și stropiți cu bulion. Adăugați crenguțele de cimbru și rozmarin.

Gatiti aproximativ 30 de minute pana iepurele este fraged si adaugati smantana. Gatiti inca 5 minute si ajustati sarea.

RUNDĂ

Flambear arde alcoolul dintr-un spirit. Când faceți acest lucru, asigurați-vă că hota este oprită.

CHITELUTE PEPITORIA ÎN SOS DE ALUNE

INGREDIENTE

750 g de carne tocată

750 g carne tocată de porc

250 g ceapă

60 g de alune

25 g pâine prăjită

½ litru de supă de pui

¼ litru de vin alb

10 fire de șofran

2 linguri de patrunjel proaspat

2 linguri de pesmet

4 catei de usturoi

2 oua fierte

1 ou proaspat

2 foi de dafin

150 g ulei de măsline

Sare si piper

PRELUCRARE

Într-un bol, combinați carnea, pătrunjelul tocat, usturoiul tăiat cubulețe, pesmetul, oul, sare și piper. Făină și rumenește într-o cratiță la foc mediu-înalt. Scoateți și rezervați.

In acelasi ulei se rumeneste usor ceapa si ceilalti 2 catei de usuroi taiati cubulete. Stropiți cu vinul și lăsați-l să se reducă. Se uda cu bulion si se fierbe 15 min. Adăugați chiftelele în sosul cu foile de dafin și gătiți încă 15 minute.

In lateral prajeste sofranul si zdrobeste-l intr-un mojar cu painea prajita, alunele si galbenusurile pana obtii o pasta fina. Adăugați la tocană și gătiți încă 5 minute.

RUNDĂ

Se serveste cu albusurile tocate spuma si putin patrunjel deasupra.

COTUTE DE VIDEL CU BERE NEGRA

INGREDIENTE

4 fileuri de vițel

125 g ciuperci shiitake

1/3 litru de bere neagra

1 dl bulion de carne

1 dl de smântână

1 morcov

1 ceapa primavara

1 rosie

1 crenguță de cimbru

1 crenguță de rozmarin

Făină obișnuită

Ulei de masline

Sare si piper

PRELUCRARE

Se condimentează și se înfăinează fileurile. Rumeniți-le ușor într-o tigaie cu un strop de ulei. Ieși și rezervă.

Rumeniți ceapa și morcovul tăiați cubulețe în același ulei. Când este fiert, adăugați roșia rasă și gătiți până când sosul este aproape uscat.

Se uda in bere, se lasa alcoolul sa se evapore 5 minute la foc mediu si se adauga bulionul, ierburile aromate si fileurile. Gatiti 15 minute sau pana se inmoaie.

Separat, se rumenesc ciupercile într-un file la foc mare și se adaugă în tocană. Asezonați cu sare.

RUNDĂ

Fileurile nu trebuie prea fierte, altfel vor fi foarte tari.

TRIPURI MADRLETIENE

INGREDIENTE

1 kg de tripă curată

2 picioare de porc

25 g de făină

1 dl de otet

2 linguri de boia

2 foi de dafin

2 cepe (din care 1 ciupită)

1 cap de usturoi

1 ardei iute

2 dl ulei de măsline

20 g sare

PRELUCRARE

Se albesc tripaia si crapatele de porc intr-o cratita cu apa rece. Gatiti 5 minute cand incepe sa fiarba.

Scurgeți și umpleți din nou cu apă curată. Se adauga ceapa tocata, ardeiul rosu, capul de usturoi si foile de dafin. Adăugați mai multă apă dacă este necesar să se acopere bine și gătiți la foc mic, acoperit, timp de 4 ore sau până când picioarele și tripaia sunt fragede.

Când trippa este gata, scoateți ceapa tocată, dafinul și ardeiul iute. De asemenea, scoateți picioarele, dezosați-le și tăiați-le în bucăți cât o tripă. Pune-l înapoi în oală.

Separat se rumeneste cealalta ceapa taiata brunoise, se adauga boia de ardei si 1 lingura de faina. Odată poșat, se adaugă în tocană. Fierbeți 5 minute, adăugați sare și, dacă este necesar, adăugați grosime.

RUNDĂ

Aceasta reteta capata savoare daca este pregatita cu o zi sau doua inainte. Puteți adăuga și năut fiert și obțineți o mâncare de legume de primă clasă.

MUCHĂ DE PORC FRĂJĂ CU MERE ȘI MENTĂ

INGREDIENTE

800 g muschie proaspata de porc

500 g de mere

60 g zahăr

1 pahar de vin alb

1 pahar de coniac

10 frunze de mentă

1 frunză de dafin

1 ceapă mare

1 morcov

Ulei de masline

Sare si piper

PRELUCRARE

Se condimenteaza muschiul si se rumeneste la foc iute. Scoateți și rezervați.

Prăjiți ceapa și morcovul curățați și tăiați mărunt în acest ulei. Curățați și curățați merele de coajă.

Transferați totul într-o tavă de copt, scufundați în alcool și adăugați foaia de dafin. Se coace la 185°C timp de 90 de minute.

Scoateți merele și legumele și zdrobiți-le cu zahărul și menta. Fileați muschiul și sosul cu lichidul de gătit și serviți cu compotul de mere.

RUNDĂ

În timpul gătitului, adăugați puțină apă în tigaie pentru a preveni uscarea coapsei.

Chiftelute DE PUI CU SOS DE ZMEURE

INGREDIENTE

pentru chiftele

1 kg carne tocată de pui

1 dl lapte

2 linguri de pesmet

2 oua

1 catel de usturoi

vin de sherry

Făină obișnuită

Pătrunjel tocat

Ulei de masline

Sare si piper

Pentru sosul de zmeura

200 g dulceata de zmeura

½ litru de supă de pui

1 ½ dl de vin alb

½ dl sos de soia

1 rosie

2 morcovi

1 catel de usturoi

1 ceapă

sare

PRELUCRARE

pentru chiftele

Amestecați carnea cu pesmetul, laptele, ouăle, cățelul de usturoi tocat mărunt, pătrunjelul și un strop de vin. Se condimentează cu sare și piper și se lasă să se odihnească 15 minute.

Formați bile cu amestecul și rulați-le în făină. Rumeniți-le în ulei, asigurându-vă că sunt puțin crude în interior. Rezervă uleiul.

Pentru sosul de zmeură dulce-acru

Curățați și tăiați ceapa, usturoiul și morcovii în cuburi mici. Se rumenesc in acelasi ulei in care s-au rumenit chiftelele. Se condimentează cu un praf de sare. Adăugați roșia tăiată în bucăți mici, fără coajă sau semințe și gătiți până când apa s-a evaporat.

Stropiți cu vin și fierbeți până scade la jumătate. Adăugați sosul de soia și bulionul și gătiți încă 20 de minute până când sosul se îngroașă. Adăugați dulceața și chiftelele și gătiți încă 10 minute.

RUNDĂ

Dulceata de zmeura poate fi inlocuita cu alta din orice fructe rosii si chiar dulceata.

TOCANĂ DE MIEL

INGREDIENTE

1 pulpă de miel

1 pahar mare de vin roșu

½ cană de roșii conservate (sau 2 roșii rase)

1 lingura de boia dulce

2 cartofi mari

1 ardei verde

1 ardei rosu

1 ceapă

Supa de vita (sau apa)

Ulei de masline

Sare si piper

PRELUCRARE

Tăiați, asezonați și rumeniți pulpa într-o oală foarte fierbinte. Ieși și rezervă.

În același ulei se rumenesc ardeii tăiați cubulețe și ceapa. Cand legumele s-au rumenit bine adaugam lingura de boia si rosia. Continuați să gătiți la foc mare până când roșia își pierde apa. Apoi adăugați din nou mielul.

Stropiți cu vinul și lăsați-l să se reducă. Acoperiți cu supa de carne.

Adăugați cartofii cachelada (netăiați) când mielul este fraged și gătiți până când cartofii sunt fierți. Asezonați cu sare și piper.

RUNDĂ

Pentru un sos și mai delicios, căliți separat 4 ardei piquillo și 1 cățel de usturoi. Se amestecă cu puțin bulion de tocană și se adaugă la tocană.

zibetă de iepure

INGREDIENTE

1 iepure

250 g de ciuperci

250 g morcovi

250 g ceapă

100 g de bacon

¼ litru de vin roşu

3 linguri de sos de rosii

2 catei de usturoi

2 crengute de cimbru

2 foi de dafin

Supa de vita (sau apa)

Ulei de masline

Sare si piper

PRELUCRARE

Tăiaţi iepurele şi lăsaţi-l la macerat 24 de ore în morcovii, usturoiul şi ceapa tăiate în bucăţi mici, vinul, 1 crenguţă de cimbru şi 1 foi de dafin. Când timpul a trecut, scurgeţi şi rezervaţi vinul pe o parte şi legumele pe cealaltă.

Se condimentează iepurele, se rumeneşte la foc iute şi se scoate. Gatiti legumele la foc mediu-mic in acelasi ulei. Se adauga sosul de rosii si se caleste 3 minute. Pune iepurele înapoi. Udaţi cu vin şi bulion până se acoperă carnea. Adăugați cealaltă crenguță de cimbru și cealaltă frunză de dafin. Gatiti pana iepurele este frageda.

Intre timp se rumenesc baconul taiat fasii si ciupercile taiate in sferturi si se adauga in tocanita. Pe margine, zdrobiți ficatul de iepure într-un mojar și adăugați-l și el. Gatiti inca 10 minute si asezonati cu sare si piper.

RUNDĂ

Acest fel de mâncare poate fi făcut cu orice vânat și va fi mai gustos dacă este pregătit cu o zi înainte.

IEPURE CU PIPERRADA

INGREDIENTE

1 iepure

2 roșii mari

2 cepe

1 ardei verde

1 catel de usturoi

zahăr

Ulei de masline

Sare si piper

PRELUCRARE

Tăiați, asezonați și rumeniți iepurele într-o cratiță. Scoateți și rezervați.

Tăiați ceapa, ardeiul și usturoiul în bucăți mici și rumeniți-le la foc mic timp de 15 minute în același ulei în care a fiert iepurele.

Adăugați roșiile tăiate brunoise și gătiți la foc mediu până își pierd toată apa. Ajustați sarea și zahărul dacă este necesar.

Adăugați iepurele, reduceți focul și gătiți 15 sau 20 de minute într-o tigaie acoperită, amestecând din când în când.

RUNDĂ

La piperrada se pot adăuga dovlecei sau vinete.

Chiftelute de pui umplute cu branza, cu sos de curry

INGREDIENTE

500 g de pui tocat

150 g branza taiata cubulete

100 g de pesmet

200 ml de smântână

1 pahar de bulion de pui

2 linguri de curry

½ lingură de pesmet

30 de stafide

1 ardei verde

1 morcov

1 ceapă

1 ou

1 lămâie

Lapte

Făină obișnuită

Ulei de masline

sare

PRELUCRARE

Se condimenteaza puiul si se amesteca pesmetul, oul, 1 lingura curry si pesmetul inmuiat in lapte. Formați bile, umpleți-le cu un cub de brânză și rulați-le în făină. Se prăjește și se rezervă.

Prăjiți ceapa, ardeiul și morcovul tocate în același ulei. Adăugați coaja de lămâie și gătiți câteva minute. Adăugați cealaltă lingură de curry, stafidele și supa de pui. Adaugati smantana cand incepe sa fiarba si gatiti 20 min. Asezonați cu sare.

RUNDĂ

Un acompaniament ideal pentru aceste chiftele sunt ciupercile tăiate în sferturi sotate cu câțiva căței de usturoi tocați și spălate cu o notă bună de Porto sau Pedro Ximénez.

PERNE CU VIN ROSU

INGREDIENTE

12 obraji de porc

½ litru de vin roșu

2 catei de usturoi

2 praz

1 ardei rosu

1 morcov

1 ceapă

Făină obișnuită

Supa de vita (sau apa)

Ulei de masline

Sare si piper

PRELUCRARE

Se condimentează și se rumenesc obrajii într-o oală foarte fierbinte. Ieși și rezervă.

Tăiați legumele în bronoise și rumeniți-le în același ulei în care a prăjit carnea de porc. Cand sunt bine fierte, se uda cu vinul si se lasa sa se evapore 5 minute. Adăugați obrajii și supa de vită până se acoperă.

Gatiti pana obrajii sunt foarte fragezi si daca doriti amestecati sosul sa nu mai ramana bucatele de legume.

RUNDĂ

Obrajii de porc durează mult mai puțin timp să se gătească decât obrajii de vită. O aromă diferită se obține prin adăugarea unei uncie de ciocolată la sos.

COCHIFRITO NAVARRA

INGREDIENTE

2 pulpe de miel tocate

50 g untură

1 lingurita de boia

1 lingura de otet

2 catei de usturoi

1 ceapă

Ulei de masline

Sare si piper

PRELUCRARE

Tăiați pulpele de miel în bucăți. Adăugați sare și rumeniți la foc mare într-o cratiță. Ieși și rezervă.

Se rumenesc ceapa si usturoiul tocate marunt in acelasi ulei timp de 8 minute la foc mic. Adăugați boia de ardei și căliți încă 5 secunde. Adăugați mielul și acoperiți cu apă.

Gatiti pana cand sosul s-a redus si carnea este frageda. Udați cu oțet și aduceți la fierbere.

RUNDĂ

Rumenirea inițială este esențială deoarece împiedică scurgerea sucurilor. In plus, ofera o nota crocanta si imbunatateste aromele.

TOCANĂ DE VITA CU SOS DE ARAIDE

INGREDIENTE

750 g coajă de carne

250 g de arahide

2 litri de bulion de carne

1 pahar de smântână

½ pahar de coniac

2 linguri de sos de rosii

1 crenguță de cimbru

1 crenguță de rozmarin

4 cartofi

2 morcovi

1 ceapă

1 catel de usturoi

Ulei de masline

Sare si piper

PRELUCRARE

Se toaca, se condimenteaza si se rumenesc tibia la foc iute. Ieși și rezervă.

Rumeniți ceapa, usturoiul și morcovii tăiați cubulețe în același ulei la foc mic. Dați focul și adăugați sosul de roșii. Se lasa sa reduca pana isi pierde toata apa. Stropiți cu coniac și lăsați alcoolul să se evapore. Adăugați din nou carnea.

Se pasează bine alunele cu bulionul și se adaugă în tigaie, împreună cu ierburile aromate. Gatiti la foc mic pana cand carnea este aproape frageda.

Se adauga apoi cartofii curatati si taiati in patrate obisnuite, si smantana. Gatiti 10 minute si asezonati cu sare si piper. Se lasa sa se odihneasca 15 minute inainte de servire.

RUNDĂ

Acest fel de mâncare din carne poate fi servit cu orez pilaf (vezi secțiunea Orez și paste).

PORC ARS

INGREDIENTE

1 porc de lapte

2 linguri de untură

sare

PRELUCRARE

Tapetați urechile și coada cu folie de aluminiu pentru a nu se arde.

Aranjați 2 linguri de lemn pe o tavă de copt și așezați purcelul cu fața în sus, împiedicându-l să atingă fundul recipientului. Se adauga 2 linguri de apa si se fierbe la 180°C timp de 2 ore.

Dizolvați sarea în 4 dl de apă și vopsiți interiorul purcelului la fiecare 10 minute. În acel moment întoarceți-l și continuați să vopsiți cu apă și sare până când timpul expiră.

Topiți untul și vopsiți pielea. Ridicați cuptorul la 200°C și coaceți încă 30 de minute sau până când pielea devine aurie și crocantă.

RUNDĂ

Nu pune sucul pe piele; îl va face să-și piardă crocantul. Serviți sosul pe fundul farfurii.

VARZA PRĂJITĂ

INGREDIENTE

4 articulații

½ varză

3 catei de usturoi

Ulei de masline

Sare si piper

PRELUCRARE

Acoperiți tulpinile cu apă clocotită și gătiți timp de 2 ore sau până când se înmoaie complet.

Scoateți-le din apă și gătiți-le cu un strop de ulei la 220°C până se rumenesc. Sezon.

Tăiați varza în fâșii subțiri. Gatiti in apa clocotita din abundenta timp de 15 minute. Scurgere.

Intre timp se rumenesc usturoiul tocat in putin ulei, se adauga varza și se rumenesc. Se condimentează cu sare și piper și se servește alături de cioburi prăjite.

RUNDĂ

Tijele se pot face si intr-o tigaie foarte incinsa. Rumeniți-le bine pe toate părțile.

IEPURE VÂNĂTOR

INGREDIENTE

1 iepure

300 g de ciuperci

2 pahare de bulion de pui

1 pahar de vin alb

1 crenguță de cimbru proaspăt

1 frunză de dafin

2 catei de usturoi

1 ceapă

1 rosie

Ulei de masline

Sare si piper

PRELUCRARE

Tăiați, asezonați și rumeniți iepurele la foc mare. Ieși și rezervă.

Căleți ceapa și usturoiul tocate în același ulei timp de 5 minute. Dați focul și adăugați roșia rasă. Gatiti pana cand nu mai este apa.

Adauga din nou iepurele si se scalda in vin. Se lasa sa se reduca si sosul este aproape uscat. Se toarnă bulionul și se fierbe cu ierburile aromatice timp de 25 de minute sau până când carnea este fragedă.

Între timp, căliți ciupercile curățate și sfărâmicioase într-o tigaie încinsă timp de 2 minute. Se condimentează cu sare și se adaugă la tocană. Gatiti inca 2 minute si ajustati sarea daca este necesar.

RUNDĂ

Puteți face aceeași rețetă cu pui sau curcan.

CÂNTAR MADRILEÑA

INGREDIENTE

4 fileuri de vițel

1 lingura de patrunjel proaspat

2 catei de usturoi

Făină, ou și pesmet (pentru a acoperi)

Ulei de masline

Sare si piper

PRELUCRARE

Tocați mărunt pătrunjelul și usturoiul. Amesteca-le intr-un bol si adauga pesmetul. A sterge.

Se condimentează fileurile cu sare și piper și se pasează în amestecul de făină, ou bătut și pesmet cu usturoi și pătrunjel.

Apăsați cu mâinile astfel încât pâinea să adere bine și rumeniți în ulei încins din belșug timp de 15 secunde.

RUNDĂ

Fileurile se pasează cu un ciocan, astfel încât fibrele să se rupă și carnea să fie mai fragedă.

SOS DE IEPURI DE CIUCPERCI

INGREDIENTE

1 iepure

250 g de ciuperci de sezon

50 g untură

200 g de bacon

45 g migdale

600 ml bulion de pui

1 pahar de sherry

1 morcov

1 rosie

1 ceapă

1 catel de usturoi

1 crenguță de cimbru

Sare si piper

PRELUCRARE

Tăiați și asezonați iepurele. Se rumenesc la foc iute in unt cu baconul taiat batoane. Ieși și rezervă.

În aceeași grăsime, rumeniți ceapa, morcovul și usturoiul tocate. Adăugați ciupercile tocate și gătiți timp de 2 minute. Adăugați roșia rasă și gătiți până își pierde apa.

Se adauga iarasi iepurele si baconul si se uda in vin. Se lasa sa se reduca si sosul este aproape uscat. Se uda cu bulionul si se adauga cimbrul. Gatiti la foc mic timp de 25 de minute sau pana cand iepurele este fraged. Completați cu migdalele de la suprafață și asezonați cu sare.

RUNDĂ

Puteți folosi ciuperci shiitake uscate. Ele poartă multe arome și arome.

COSTEȚE DE PORC IBERIAN ÎN VIN ALB ȘI MIERE

INGREDIENTE

1 cotlet iberic de porc

1 pahar de vin alb

2 linguri de miere

1 lingura de boia dulce

1 lingura de rozmarin tocat

1 lingura de cimbru tocat

1 catel de usturoi

Ulei de masline

Sare si piper

PRELUCRARE

Intr-un bol se pun condimentele, usturoiul ras, mierea si sarea. Adăugați ½ cană de ulei și amestecați. Întindeți coastele cu acest amestec.

Se prăjește la 200°C timp de 30 de minute cu carnea în jos. Întoarceți, stropiți cu vin și gătiți încă 30 de minute sau până când coastele sunt rumenite și fragede.

RUNDĂ

Pentru ca aromele să absoarbă mai mult coastele, cel mai bine este să marinați carnea cu o zi înainte.

www.ingramcontent.com/pod-product-compliance
Lightning Source LLC
Chambersburg PA
CBHW050353120526
44590CB00015B/1675